U0744249

中華古籍保護計劃

ZHONG HUA GU JI BAO HU JI HUA CHENG GUO

·成果·

（五代·後蜀）趙崇祚　輯

宋本花間集

國家圖書館出版社

圖書在版編目(CIP)數據

宋本花間集/(五代·後蜀)趙崇祚輯.—北京:國家圖書館出版社,2017.10(2024.9重印)

(國學基本典籍叢刊)

ISBN 978-7-5013-6150-2

Ⅰ.①宋… Ⅱ.①趙… Ⅲ.①詞(文學)—作品集—中國—古代 Ⅳ.①I222.82

中國版本圖書館CIP數據核字(2017)第145984號

書　　名 宋本花間集

著　　者 (五代·後蜀)趙崇祚　輯

責任編輯 陳瑩瑩

重印編輯 劉靜怡

封面設計 徐新狀

出版發行 國家圖書館出版社(北京市西城區文津街7號　100034)

(原書目文獻出版社　北京圖書館出版社)

010-66114536　63802249　nlcpress@nlc.cn(郵購)

網　　址 http://www.nlcpress.com

印　　裝 河北三河弘翰印務有限公司

版次印次 2017年10月第1版　2024年9月第2次印刷

開　　本 880×1230　1/32

印　　張 8.625

書　　號 ISBN 978-7-5013-6150-2

定　　價 28.00圓

《國學基本典籍叢刊》編委會

《國學基本典籍叢刊》前言

國家圖書館出版社（原名書目文獻出版社 北京圖書館出版社）成立三十多年來，出版了大量的中國傳統文化典籍。由於這些典籍的出版往往采用叢書的方式或綫裝形式，供公共圖書館和大學圖書館典藏使用，普通讀者因價格較高、部頭較大，不易購買使用。爲弘揚優秀傳統文化，滿足廣大普通讀者的需求，現將經、史、子、集各部的常用典籍，選擇善本，分輯陸續出版單行本。每書之前均加簡要説明，必要者加編目録和索引，總名《國學基本典籍叢刊》。歡迎讀者提出寶貴意見和建議，以使這項工作逐步完善。

國家圖書館出版社
二〇一六年四月

序言

《花間集》十卷，後蜀趙崇祚輯。趙崇祚，生卒年不詳，字弘基，五代後蜀人。後蜀明德二年至四年（九三五—九三七）與林罕討論文字，時爲大理少卿。廣政三年（九四〇）歐陽炯爲本書作序，稱趙爲『衛尉少卿』，本書宋紹興晁謙之刻本卷首署名爲『銀青光禄大夫行衛尉少卿趙崇祚』。

此書是今存最完整的早期詞家作品選集，共收晚唐五代自温庭筠至李珣十八家作品五百首，按人分編，每卷五十首。作品選擇精謹，版本傳承有緒，文本可靠，唐五代著名文人墨客所撰曲子詞諸多名作，有賴此書歷代傳刻，綿延一綫，得以流傳後世。

《四庫全書總目》該書提要謂：『詩餘體變自唐，而盛行於五代。自宋以後，體制益繁，選録益衆。而溯源星宿，當以此集爲最古。唐末名家詞曲，俱賴以僅存。』宋陳振孫《直齋書録解題》稱之爲『近世倚聲填詞之祖』，可謂定評。早期詞選相傳有《尊前集》，近年又有敦煌寫本《雲謡集》面世，然二書編纂無考，身世不明，版本不精，影響式微，難以與宋刻完本傳世的《花間集》媲美。

《花間集》今存宋刻本兩部，皆爲孤本，珍貴之至，《中華再造善本》均予影印。

此本爲宋紹興十八年晁謙之建康郡齋刻本，謙之當時以敷文閣直學士知建康府（今南京地區），跋稱：『建康舊有本，比得往年例卷，猶載郡將監司僚幕之行，有《六朝實録》與《花間集》之贐。又他處本皆訛舛，乃是正而復刊，聊以存舊事云。』此本有小注十一處，宋時别本异文賴此以存，極具考證價值。

明正德十六年（一五二一）吴郡陸元大曾予重刻，行格改爲十行十八字，文字也有异同。陸本版刻精良，後世著録往往誤作宋本，清光緒徐幹刻入《邵武徐氏叢書》，即以宋本相稱。民國初年吴昌綬雙照樓影刻陸本，收入《雙照樓景刊宋元明本詞》。

此本宋刻宋印，版式開朗，字體渾厚，紙墨明麗，書品完好，是難得的珍本。版心下所列刻工有鄭珣、周清、章旼、毛仙、劉實、王琮、于洋、黄祥等，爲南宋初年南京地區名工，也見於今存其他宋本。

藏印有『顔仲逸印』『王寵履吉』『張遠之印』『超然』『席鑑之印』『席氏玉照』『釀華草堂』『靈石楊氏墨林臧書之印』『結一廬藏』『子清』『子清真賞』『子清校讀』『仁龢朱澂』『子孫永保之』『張繼超印』『徐乃昌讀』『會稽孫伯繩平生真賞』等。

此本流傳端緒略可考知：元代藏於顔仲逸家，明代曾歸雅宜山人王寵（履吉）。明末清初則歸常熟藏書家張遠（超然）、釀華草堂席鑑（玉照），清道光間歸山西靈石楊尚之（字仲華，號墨林），清末歸浙江塘棲朱氏結一廬，後隨他書轉歸張佩綸。二十世紀五十年代爲孫祖同（伯繩）所得，著録於《虛静齋宋元明本書目》。不久售歸北京圖書館（今中國國家圖書館），文學古籍刊行社曾影印行世，流傳遂廣。

楊成凱

二〇一三年一月

目録

歐陽炯序……一

卷一

温庭筠

菩薩蠻……七

更漏子……一三

歸國遥……一五

酒泉子……一六

定西番……一八

楊柳枝……一九

南歌子……二一

河瀆神……二三

女冠子……二四

玉胡蝶……二五

卷二

清平樂……二八

遐方怨……二九

訴衷情……三〇

思帝鄉……三〇

夢江南……三一

河傳……三一

蕃女怨……三三

荷葉盃……三四

皇甫松

天仙子……三五

浪淘沙……三五
楊柳枝……三六
摘得新……三六
夢江南……三七
采蓮子……三八
韋莊
浣溪沙……三八
菩薩蠻……四〇
歸國遙……四二
應天長……四四
荷葉盃……四四
清平樂……四五
望遠行……四七
卷三
謁金門……五一
江城子……五一
河傳……五二
天仙子……五四
喜遷鶯……五五
思帝鄉……五六
訴衷情……五七
上行盃……五七
女冠子……五八
更漏子……五九
酒泉子……五九
木蘭花……六〇
小重山……六一
薛昭蘊
浣溪沙……六一
喜遷鶯……六四
小重山……六六

離別難……六七
相見歡……六八
醉公子……六八
女冠子……六九
謁金門……六九
牛嶠
柳枝……七〇
卷四
女冠子……七四
夢江南……七六
感恩多……七七
應天長……七七
更漏子……七八
望江怨……八〇
菩薩蠻……八〇
酒泉子……八三
定西番……八三
玉樓春……八四
西溪子……八四
江城子……八五
張泌
浣溪沙……八五
臨江仙……八九
女冠子……九〇
河傳……九〇
酒泉子……九一
生查子……九二
思越人……九三
滿宮花……九三
柳枝……九四
南歌子……九四

卷五

江城子……九九
河瀆神……一〇〇
胡蝶兒……一〇一
毛文錫
虞美人……一〇一
酒泉子……一〇二
喜遷鶯……一〇三
贊成功……一〇三
西溪子……一〇四
中興樂……一〇四
更漏子……一〇五
接賢賓……一〇五
贊浦子……一〇六
甘州遍……一〇六
紗窗恨……一〇七
柳含煙……一〇八
醉花間……一一〇
浣沙溪……一一一
浣溪沙……一一一
月宫春……一一二
戀情深……一一二
訴衷情……一一三
應天長……一一四
河滿子……一一五
巫山一段雲……一一五
臨江仙……一一六
牛希濟
臨江仙……一一六
酒泉子……一二〇
生查子……一二〇

中興樂……一二一
謁金門……一二一
歐陽炯
浣溪沙……一二二
三字令……一二三

卷六

南鄉子……一二六
獻衷心……一二九
賀明朝……一二九
江城子……一三〇
鳳樓春……一三一
和凝
小重山……一三二
臨江仙……一三三
菩薩蠻……一三四
山花子……一三四
河滿子……一三五
薄命女……一三六
望梅花……一三七
天仙子……一三七
春光好……一三八
采桑子……一三九
柳枝……一三九
漁父……一四〇
顧敻
虞美人……一四〇
河傳……一四四
甘州子……一四五
玉樓春……一四七

卷七

浣溪沙……一五二
酒泉子……一五五
楊柳枝……一五八
遐方怨……一五八
獻衷心……一五九
應天長……一六〇
訴衷情……一六〇
荷葉盃……一六一
漁歌子……一六三
臨江仙……一六四
醉公子……一六五
更漏子……一六六

孫光憲

浣溪沙……一六七
河傳……一七〇

卷八

菩薩蠻……一七五
河瀆神……一七七
虞美人……一七七
後庭花……一七九
生查子……一七九
臨江仙……一八一
酒泉子……一八二
清平樂……一八三
更漏子……一八四
女冠子……一八五
風流子……一八六
定西番……一八七
河滿子……一八七
玉胡蝶……一八八
八拍蠻……一八八

竹枝……一八九
思帝鄉……一八九
上行盃……一九〇
謁金門……一九一
思越人……一九一
楊柳枝……一九二
望梅花……一九四
漁歌子……一九四
魏承斑
菩薩蠻……一九五
卷九
滿宮花……一九九
木蘭花……二〇〇
玉樓春……二〇〇
訴衷情……二〇二
生查子……二〇四
黃鍾樂……二〇四
漁歌子……二〇五
鹿虔扆
臨江仙……二〇六
女冠子……二〇七
思越人……二〇八
虞美人……二〇八
閻選
虞美人……二〇九
臨江仙……二一〇
浣溪沙……二一一
八拍蠻……二一一
河傳……二一二

尹鶚
臨江仙……二一三
滿宮花……二一四
杏園芳……二一四
醉公子……二一五
菩薩蠻……二一五
毛熙震
浣溪沙……二一六
臨江仙……二一九
更漏子……二二〇
女冠子……二二一
清平樂……二二一
南歌子……二二二
卷十
河滿子……二二六
小重山……二二八
定西番……二二八
木蘭花……二二九
後庭花……二二九
酒泉子……二三一
菩薩蠻……二三一
李珣
浣溪沙……二三三
漁歌子……二三四
巫山一段雲……二三六
臨江仙……二三七
南鄉子……二三八
女冠子……二四一
酒泉子……二四一
望遠行……二四三
菩薩蠻……二四四

西溪子……二四五
虞美人……二四六
河傳……二四七
晁謙之跋……二四九

據國家圖書館藏宋紹興十八年（一一四八）晁謙之建康郡齋刻本影印原書版框高十八點四厘米寬十二點三厘米

花間集序

武德軍節度判官歐陽　炯　撰

鏤玉彫瓊擬化工而迥巧裁花剪葉奪春艷以爭鮮是以唱雲謠則金母詞清挹霞醴則穆王心醉名高白雪聲聲而自合鸞歌響遏青雲字字而偏諧鳳律楊柳大堤之句樂府相傳芙蓉曲渚之篇豪家自製莫不爭高門下三千玳瑁之簪競富罇前數十珊瑚之樹

則有綺筵公子繡幌佳人遞葉葉之花牋文
抽麗錦舉纖纖之玉指拍按香檀不無清絕
之辭用助嬌饒之態自南朝之宮體扇北里
之倡風何止言之不文所謂秀而不實有唐
已降率土之濱家家之香逕春風寧尋越艷
處處之紅樓夜月自瑣常娥在明皇朝則有
李太白應制清平樂詞四首近代溫飛卿復
有金荃集邇來作者無媿前人今衛尉少卿

字弘基以拾翠洲邊自得羽毛之異織綃泉底獨殊機杼之功廣會衆賓時延佳論因集近來詩客曲子詞五百首分爲十卷以炯粗預知音辱請命題仍爲序引昔郢人有歌陽春者號爲絶唱乃命之爲花間集庶以陽春之甲將使西園英哲用資羽蓋之歡南國嬋娟休唱蓮舟之引時大蜀廣政三年夏四月

日序

花間集一部十卷

銀青光祿大夫行衛尉少卿趙　崇祚　集

温助教 庭筠 六十六首　皇甫先輩 松 十一首
韋相 莊 四十七首　薛侍郎 昭蘊 十九首
牛給事 嶠 三十二首　張舍人 泌 二十七首
毛司徒 文錫 三十一首　牛學士 希濟 十一首
歐陽舍人 炯 十七首　和學士 凝 二十首
顧太尉 敻 五十五首　孫少監 光憲 六十一首

魏太尉承班十五首　鹿太尉虔扆六首
閻處士選八首　尹參卿鶚六首
毛秘書熙震二十九首　李秀才珣三十七首

花間集卷第一　五十首

温助教庭筠　五十首

菩薩蠻十四首　更漏子六首
歸國遥二首　酒泉子四首
定西番三首　楊柳枝八首
南歌子七首　河瀆神三首
女冠子二首　玉胡蝶一首

菩薩蠻　温庭筠

小山重疊金明滅鬢雲欲度香顋雪懶起畫
蛾眉弄粧梳洗遲　照花前後鏡花面交相
映新帖繡羅襦雙雙金鷓鴣
水精簾裏頗黎枕暖香惹夢鴛鴦錦江上柳
如煙鴈飛殘月天　藕絲秋色淺人勝參差
剪雙鬢隔香紅玉釵頭上風
蘂黃無限當山額宿粧隱笑紗窗隔相見牡
丹時暫來還別離　翠釵金作股釵上蝶雙

舞心事竟誰知月明花滿枝
翠翹金縷雙鸂鶒水紋細起春池碧池上海
棠梨雨晴紅滿枝　繡衫遮笑靨煙草粘飛
蝶青瑣對芳菲玉關音信稀
杏花含露團香雪綠楊陌上多離別燈在月
朧明覺來聞曉鶯　玉鉤褰翠幕粧淺舊眉
薄春夢正關情鏡中蟬鬢輕
玉樓明月長相憶柳絲裊娜春無力門外草

萋萋送君聞馬嘶　畫羅金翡翠香燭銷成
淚花落子規啼緑窻殘夢迷
鳳皇相對盤金縷牡丹一夜經微雨明鏡照
新粧鬢輕雙臉長　畫樓相望久欄外垂絲
柳音信不歸來社前雙鷰迴
牡丹花謝鶯聲歇緑楊滿院中庭月相憶夢
難成背窻燈半明　翠鈿金壓臉寂寞香閨
掩人遠淚闌干鷰飛春又殘

滿宮明月梨花白故人萬里關山隔金鴈一
雙飛淚痕沾繡衣 小園芳草綠家住越溪
曲楊柳色依依鷰歸君不歸
寶函鈿雀金鸂鶒沉香關上吳山碧楊柳又
如絲驛橋春雨時 畫樓音信斷芳草江南
岸鸞鏡與花枝此情誰得知
南園滿地堆輕絮愁聞一霎清明雨雨後却
斜陽杏花零落香 無言勻睡臉枕上屏山

掩時節欲黃昏無憀獨倚門
夜來皓月纔當午重簾悄悄無人語深處麝
煙長臥時留薄粧　當年還自惜往事那堪
憶花露月明殘錦衾知曉寒
雨晴夜合玲瓏日萬枝香裊紅絲拂閑夢憶
金堂滿庭萱草長　繡簾垂簏簌眉黛遠山
綠春水渡溪橋凭欄魂欲銷
竹風輕動庭除冷珠簾月上玲瓏影山枕隱

穠粧緑檀金鳳皇　两蛾愁黛淺故國吴宫遠春恨正關情畫樓殘點聲

更漏子

柳絲長春雨細花外漏聲迢遞驚塞鴈起城烏畫屏金鷓鴣　香霧薄透簾幕惆悵謝家池閣紅燭背繡簾垂夢長君不知

星斗稀鍾鼓歇簾外曉鶯殘月蘭露重柳風斜滿庭堆落花　虛閣上倚闌望還似去年

惆悵春欲暮思無窮舊歡如夢中

金雀釵紅粉面花裏暫時相見知我意感君

憐此情須問天　香作穗蠟成淚還似兩人

心意山枕膩錦衾寒覺來更漏殘

相見稀相憶久眉淺澹煙如柳垂翠幕結同

心侍郎熏繡衾　城上月白如雪蟬鬢美人

愁絕宮樹暗鵲橋橫玉籤初報明

背江樓臨海月城上角聲嗚咽堤柳動島煙

昏兩行征鴈分　京口路歸帆渡正是芳菲
欲度銀燭盡玉繩低一聲村落雞
玉鑪香紅蠟淚偏照畫堂秋思眉翠薄鬢雲
殘夜長衾枕寒　梧桐樹三更雨不道離情
正苦一葉葉一聲聲空堦滴到明

歸國遙

香玉翠鳳寶釵垂簏簌鈿筐交勝金粟越羅
春水淥　畫堂照簾殘燭夢餘更漏促謝娘

無限心曲曉屏山斷續

雙臉小鳳戰篦金颭豔舞衣無力風斂藕絲秋色染　錦帳繡幃斜掩露珠清曉簟粉心黃蘂花靨黛眉山兩點

酒泉子

花映柳條閑向綠萍池上凭闌干窺細浪雨蕭蕭　近來音信兩疎索洞房空寂寞掩銀屏垂翠箔度春宵

日映紗窻金鴨小屏山碧故鄉春煙靄隔背
蘭釭　宿粧惆悵倚高閣千里雲影薄草初
齊花又落鷰雙雙
楚女不歸樓枕小河春水月孤明風又起杏
花稀　玉釵斜篸雲鬟髻裙上金縷鳳八行
書千里夢鴈南飛
羅帶惹香猶繫別時紅豆淚痕新金縷舊斷
離腸　一雙嬌鷰語彫梁還是去年時節綠

陰濃芳草歇柳花狂

定西番

漢使昔年離別攀弱柳折寒梅上高臺 千里玉關春雪鴈來人不來羗笛一聲愁絕月徘徊

海鷰欲飛調羽萱草緑杏花紅隔簾櫳 雙鬢翠霞金縷一枝春艷濃樓上月明三五瑣窻中

細雨曉鶯春晚人似玉柳如眉正相思　羅
幕翠簾初捲鏡中花一枝腸斷塞門消息鴈
來稀

楊柳枝

宜春苑外最長條閑裊春風伴舞腰正是玉
人腸絕處一渠春水赤欄橋
南內墻東御路傍須知春色柳絲黃杏花未
青無情思何事行人最斷腸

蘇小門前柳萬條毿毿金線拂平橋黃鸎不
語東風起深閉朱門伴舞腰
金縷毿毿碧瓦溝六宮眉黛惹香愁晚來更
帶龍池雨半拂欄干半入樓
館娃宮外鄴城西遠映征帆近拂堤繫得王
孫歸意切不同芳草綠萋萋
兩兩黃鸝色似金裊枝啼露動芳音春來幸
自長如線可惜牽纏蕩子心

御柳如絲映九重鳳皇窗映繡芙蓉景陽樓
畔千條路一面新粧待曉風
織錦機邊鶯語頻停梭垂淚憶征人塞門三
月猶蕭索縱有垂楊未覺春

南歌子

手裏金鸚鵡胷前繡鳳皇偷眼暗形相不如
從嫁與作鴛鴦
似帶如絲柳團酥握雪花簾捲玉鈎斜九衢

塵欲暮逐香車

鬢墮低梳髻連娟細掃眉終日兩相思爲君
憔悴盡百花時

臉上金霞細眉間翠鈿深欹枕覆鴛衾隔簾
鶯百囀感君心

撲蕊添黄子呵花滿翠鬟鴛枕映屏山月明
三五夜對芳顔

轉眄如波眼娉婷似柳腰花裏暗相招憶君

腸欲斷恨春宵
懶拂鴛鴦枕休縫翡翠裙羅帳罷爐熏近來
心更切爲思君

河瀆神

河上望叢祠廟前春雨來時楚山無限鳥飛
遲蘭棹空傷別離　何處杜鵑啼不歇艷紅
開盡如血蟬鬢美人愁絕百花芳草佳節
孤廟對寒潮西陵風雨蕭蕭謝娘惆悵倚欄

橈淚流玉筯千條　暮天愁聽思歸樂早梅
香滿山郭迴首兩情蕭索離魂何處飄泊

銅鼓賽神來滿庭幡蓋徘徊水村江浦過風
雷楚山如畫煙開　離別艣聲空蕭索玉容
惆悵粧薄青麥鷰飛落落捲簾愁對珠閣

女冠子

含嬌含笑宿翠殘紅窈窕鬢如蟬寒玉簪秋
水輕紗捲碧煙　雪胷鸞鏡裏琪樹鳳樓前

寄語青娥伴早求仙

霞帔雲鬟鈿鏡仙容似雪畫愁眉遮語迴輕

扇含羞下繡幃　玉樓相望久花洞恨來遲

早晚乘鸞去莫相遺

玉胡蝶

秋風淒切傷離行客未歸時塞外草先衰江

南鴈到遲　芙蓉凋嫩臉楊柳墮新眉摇落

使人悲斷腸誰得知

花閒集卷第一

花間集卷第二　四十九首

温助教 庭筠 十六首

清平樂二首　遐方怨二首
訴衷情一首　思帝鄉一首
夢江南二首　河傳三首
蕃女怨二首　荷葉盃三首

皇甫先輩 松 十一首

天仙子二首　浪濤沙二首

楊柳枝二首　摘得新二首
夢江南二首　採蓮子一首
韋相莊二十二首
浣溪沙五首　菩薩蠻五首
歸國遙三首　應天長二首
荷葉盃二首　清平樂四首
望遠行一首
清平樂　温庭筠

上陽春晚宮女愁蛾淺新歲清平思同輦爭
柰長安路遠　鳳帳鴛被徒燻寂寞花鎖千
門竟把黃金買賦爲妾將上明君
洛陽愁絕楊柳花飄雪終日行人恣攀折橋
下水流嗚咽　上馬爭勸離觴南浦鶯聲斷
腸愁殺平原年少迴首揮淚千行

遐方怨

憑繡檻解羅幃未得君書斷腸瀟湘春鴈飛

不知征馬幾時歸海棠花謝也雨霏霏

花半拆雨初晴未捲珠簾夢殘惆悵聞曉鶯

宿粧眉淺粉山橫約鬢鸞鏡裏繡羅輕

訴衷情

鶯語花舞春晝午雨霏微金帶枕宮錦鳳皇

帷柳弱蝶交飛依依遼陽音信稀夢中歸

思帝鄉

花花滿枝紅似霞羅袖畫簾腸斷卓香車迴

面共人閑語戰篦金鳳斜唯有阮郎春盡不
歸家

夢江南

千萬恨恨極在天涯山月不知心裏事水風
空落眼前花揺曳碧雲斜

梳洗罷獨倚望江樓過盡千帆皆不是斜暉
脉脉水悠悠腸斷白蘋洲

河傳

江畔相喚曉粧鮮仙景箇女採蓮請君莫向
那岸邊少年好花新滿舡　紅袖搖曳逐風
暖垂玉腕腸向柳絲斷浦南歸浦北歸莫知
晚來人已稀
湖上閑望雨蕭蕭煙浦花橋路遙謝娘翠娥
愁不銷終朝夢魂迷晚潮　蕩子天涯歸棹
遠春已晚鶯語空腸斷若耶溪溪水西柳堤
不聞郎馬嘶

同伴相喚杏花稀夢裏每愁依違仙客一去鸞已飛不歸淚痕空滿衣　天際雲鳥引情遠春已晚烟靄渡南苑雪梅香柳帶長小娘轉令人意傷

蕃女怨

萬枝香雪開已遍細雨雙鸞鈿蟬箏金雀扇畫梁相見鴈門消息不歸來又飛迴

磧南沙上驚鴈起飛雪千里玉連環金鏃箭

年年征戰畫樓離恨錦屏空杏花紅

荷葉盃

一點露珠凝冷波影滿池塘綠莖紅艷兩相亂腸斷水風涼

鏡水夜來秋月如雪採蓮時小娘紅粉對寒浪惆悵正思想

楚女欲歸南浦朝雨濕愁紅小舡搖漾入花裏波起隔西風

天仙子　皇甫先輩 松

晴野鷺鷥飛一隻水葓花發秋江碧劉郎此日別天仙登綺席淚珠滴十二晚峯高歷歷躑躅花開紅照水鷓鴣飛遶青山觜行人經歲始歸來千萬里錯相倚懊惱天仙應有以

浪濤沙

灘頭細草接疏林浪惡罾舡半欲沉宿鷺眠鷗飛舊浦去年沙觜是江心

蠻歌豆蔻北人愁浦雨杉風野艇秋浪起鵁
鶄眠不得寒沙細細入江流

楊柳枝

春入行宫映翠微玄宗侍女舞煙絲如今柳
向空城緑玉笛何人更把吹

爛熳春歸水國時吴王宫殿柳絲垂黄鶯長
叫空閨畔西子無因更得知

摘得新

酌一卮須教玉笛吹錦箋紅蠟燭莫來遲繁
紅一夜經風雨是空枝
摘得新枝枝葉葉春管絃兼美酒最關人平
生都得幾十度展香茵

夢江南

蘭燼落屏上暗紅蕉閑夢江南梅熟日夜船
吹笛雨蕭蕭人語驛邊橋
樓上寢殘月下簾旌夢見秣陵惆悵事桃花

柳絮滿江城雙髻坐吹笙

採蓮子

菡萏香連十頃陂舉棹小姑貪戲採蓮遲年少
晚來弄水船頭濕舉棹更脫紅裙裹鴨兒年少
船動湖光灧灧秋舉棹貪看年少信船流年少
無端隔水拋蓮子舉棹遙被人知半日羞年少

浣溪沙　韋相莊

清曉糚成寒食天柳毬斜裊間花鈿捲簾直

出畫堂前　指點牡丹初綻朶日高猶自凭
朱欄含嚬不語恨春殘
欲上鞦韆四體慵擬交人送又心忪畫堂簾
幕月明風　此夜有情誰不極隔墻梨雪又
玲瓏玉容憔悴惹微紅
惆悵夢餘山月斜孤燈照壁背窻紗小樓高
閣謝娘家　暗想玉容何所似一枝春雪凍
梅花滿身香霧簇朝霞

綠樹藏鶯鶯正啼柳絲斜拂白銅堤弄珠江上草萋萋　日暮飲歸何處客繡鞍驄馬一聲嘶滿身蘭麝醉如泥

夜夜相思更漏殘傷心明月凭欄干想君思我錦衾寒　咫尺畫堂深似海憶來唯把舊書看幾時携手入長安

菩薩蠻

紅樓別夜堪惆悵香燈半捲流蘇帳殘月出

門時美人和淚辭　琵琶金翠羽絃上黄鸎
語勸我早歸家緑窻人似花
人人盡説江南好遊人只合江南老春水碧
於天畫船聽雨眠　鑪邊人似月皓腕凝雙
雪未老莫還鄉還鄉須斷腸
如今却憶江南樂當時年少春衫薄騎馬倚
斜橋滿樓紅袖招　翠屛金屈曲醉入花叢
宿此度見花枝白頭誓不歸

勸君今夜湏沉醉罇前莫話明朝事珎重主人心酒深情亦深　湏愁春漏短莫訴金盃滿遇酒且呵呵人生能幾何

洛陽城裏春光好洛陽才子他鄉老柳暗魏王堤此時心轉迷　桃花春水淥水上鴛鴦浴凝恨對殘暉憶君君不知

歸國遥

春欲暮滿地落花紅帶雨惆悵玉籠鸚鵡單

棲無伴侶　南望去程何許問花花不語早
晚得同歸去恨無雙翠羽
金翡翠爲我南飛傳我意罨畫橋邊春水幾
年花下醉　別後只知相愧淚珠難遠寄羅
幕繡幃鴛被舊歡如夢裏
春欲晚戲蝶遊蜂花爛熳日落謝家池館柳
絲金縷斷　睡覺綠鬟風亂畫屏雲雨散閑
倚博山長歎淚流沾皓腕

應天長

綠槐陰裏黃鶯語深院無人春晝午畫簾垂金鳳舞寂寞繡屏香一炷　碧天雲無定處空有夢魂來去夜夜綠窗風雨斷腸君信否

別來半歲音書絕一寸離腸千萬結難相見易相別又是玉樓花似雪　暗相思無處說惆悵夜來煙月想得此時情切淚沾紅袖黦

荷葉盃

絕代佳人難得傾國花下見無期一雙愁黛遠山眉不忍更思惟　閑掩翠屏金鳳殘夢羅幕畫堂空碧天無路信難通惆悵舊房櫳

記得那年花下深夜初識謝娘時水堂西面畫簾垂携手暗相期　惆悵曉鶯殘月相別從此隔音塵如今俱是異鄉人相見更無因

清平樂

春愁南陌故國音書隔細雨霏霏梨花白鷰

拂畫簾金額　盡日相望王孫塵滿衣上淚
痕誰向橋邊吹笛駐馬西望銷魂
野花芳草寂寞關山道柳吐金絲鶯語早惆
悵香閨暗老　羅帶悔結同心獨凭朱欄思
深夢覺半牀斜月小窻風觸鳴琴
何處遊女蜀國多雲雨雲解有情花解語窣
地繡羅金縷　粧成不整金鈿含羞待月鞦
韆住在緑槐陰裏門臨春水橋邊

鶯啼殘月繡閤香燈滅門外馬嘶郎欲別正是落花時節　粧成不畫蛾眉含愁獨倚金扉去路香塵莫掃掃即郎去歸遲

望遠行

欲別無言倚畫屏含恨暗傷情謝家庭樹錦鷄鳴殘月落邊城　人欲別馬頻嘶綠槐千里長堤出門芳草路萋萋雲雨別來易東西不忍別君後却入舊香閨

花間集卷第二

花間集卷第三　五十首

韋相莊　二十五首

謁金門二首　江城子二首

河傳三首　天仙子五首

喜遷鶯二首　思帝鄉二首

訴衷情二首　上行盃二首

女冠子二首　更漏子一首

酒泉子一首　木蘭花一首

小重山一首

薛侍郎昭蘊十九首

浣溪沙八首　喜遷鶯三首

小重山二首　離別難一首

相見歡一首　醉公子一首

女冠子二首　謁金門一首

牛給事嶠五首

柳枝五首

謁金門　韋相莊

春漏促金爐暗挑殘燭一夜簾前風撼竹夢魂相斷續　有箇嬌饒如玉夜夜繡屏孤宿閑抱琵琶尋舊曲遠山眉黛緑

空相憶無計得傳消息天上常娥人不識寄書何處覓　新睡覺來無力不忍把伊書跡滿院落花春寂寂斷腸芳草碧

江城子

恩重嬌多情易傷漏更長解鴛鴦朱啓未動
先覺口脂香緩揭繡衾抽皓腕移鳳枕枕潘郎
鬢鬟狼籍黛眉長出蘭房別檀郎角聲嗚咽
星斗漸微茫露冷月殘人未起留不住淚千行

河傳

何處煙雨隋堤春暮柳色葱蘢畫橈金縷翠
旗高颭香風水光融　青娥殿脚春粧媚輕
雲裏綽約司花妓江都宮闕清淮月映迷樓

古今愁

春晚風暖錦城花滿狂殺遊人玉鞭金勒尋勝馳驟輕塵惜良晨 翠娥爭勸臨邛酒纖纖手拂面垂絲柳歸時煙裏鍾鼓正是黃昏暗銷魂

錦浦春女繡衣金縷霧薄雲輕花深柳暗時節正是清明雨初晴 玉鞭魂斷煙霞路鶯鶯語一望巫山雨香塵隱映遙見翠檻紅樓

黛眉愁

天仙子

帳望前回夢裏期看花不語苦尋思露桃宮裏小腰肢眉眼細鬢雲垂唯有多情宋玉知

深夜歸來長酩酊扶入流蘇猶未醒醺醺酒氣麝蘭和驚睡覺笑呵呵長道人生能幾何

蟾彩霜華夜不分天外鴻聲枕上聞繡衾香冷嬾重薰人寂寂葉紛紛纔睡依前夢見君

夢覺雲屏依舊空杜鵑聲咽隔簾攏玉郎薄

幸去無蹤一日日恨重重淚界蓮腮兩線紅

金似衣裳玉似身眼如秋水鬢如雲霞裙月帔

一羣羣來洞口望煙分劉阮不歸春日曛

喜遷鶯

人洶洶鼓鼕鼕襟袖五更風大羅天上月朦

朧騎馬上虛空　香滿衣雲滿路鸞鳳遶身

飛舞霓旌絳節一羣羣引見玉華君

街鼓動禁城開天上探人迴鳳銜金牓出雲
來平地一聲雷　鶯已遷龍已化一夜滿城
車馬家家樓上簇神仙爭看鶴冲天

思帝鄉

雲髻墜鳳釵垂髻墜釵垂無力枕函欹翡翠
屏深月落漏依依說盡人間天上兩心知

春日遊杏花吹滿頭陌上誰家年少足風流
妾擬將身嫁與一生休縱被無情弃不能羞

訴衷情

燭燼香殘簾未捲夢初驚花欲榭深夜月朧
明何處按歌聲輕輕舞衣塵暗生負春情
碧沼紅芳煙雨靜倚欄橈垂玉珮交帶裊纖
腰鴛夢隔星橋迢迢越羅香暗銷墜花翹

上行盃

芳草灞陵春岸柳煙深滿樓絃管一曲離聲
腸寸斷今日送君千萬紅縷玉盤金鏤盞

須勸珎重意莫辭滿
白馬玉鞭金轡少年郎離別容易迢遞去程
千萬里　惆悵異鄉雲水滿酌一盃勸和淚
須愧珎重意莫辭醉

女冠子

四月十七正是去年今日別君時忍淚佯低
面含羞半斂眉　不知魂已斷空有夢相隨
除却天邊月沒人知

昨夜夜半枕上分明夢見語多時依舊桃花
面頻低柳葉眉　半羞還半喜欲去又依依
覺來知是夢不勝悲

更漏子

鍾鼓寒樓閣暝月照古桐金井深院閉小庭
空落花香露紅　煙柳重春霧薄燈背水窗
高閣閑倚戶暗沾衣待郎郎不歸

酒泉子

月落星沉，樓上美人春睡。綠雲傾，金枕膩，畫屏深。子規啼破相思夢，曙色東方纔動。柳烟輕，花露重，思難任。

木蘭花

獨上小樓春欲暮，愁望玉關芳草路。消息斷，不逢人，却斂細眉歸繡戶。坐看落花空歎息，羅袂濕斑紅淚滴。千山萬水不曾行，魂夢欲教何處覓。

小重山

一閉昭陽春又春夜寒宫漏永夢君恩卧思陳事暗消魂羅衣濕紅袂有啼痕　歌吹隔重閽遶庭芳草緑倚長門萬般惆悵向誰論凝情立宫殿欲黄昏

浣溪沙　　薛侍郎 昭藴

紅蓼渡頭秋正雨印沙鷗跡自成行整鬟飄袖野風香　不語含嚬深浦裏幾迴愁煞棹

船郎驚歸帆盡水茫茫
鈿匣菱花錦帶垂靜臨蘭檻卸頭時約鬟低
珥笄歸期　茂苑草青湘渚闊夢餘空有漏
依依二年終日損芳菲
粉上依俙有淚痕郡庭花落欲黃昏遠情深
恨與誰論　記得去年寒食日延秋門外卓
金輪日斜人散暗銷魂
握手河橋柳似金蜂鬚輕惹百花心蕙風蘭

思寄清琴　意滿便同春水滿情深還似酒
盃深楚煙湘月兩沉沉

簾下三間出寺墻滿街垂柳緑陰長嫩紅輕
翠閒濃粧　瞥地見時猶可可却來閑處暗
思量如今情事隔仙鄉

江館清秋攬客船故人相送夜開筵麝煙蘭
燄簇花鈿　正是斷魂迷楚雨不堪離恨咽
湘絃月高霜白水連天

傾國傾城恨有餘幾多紅淚泣姑蘇倚風凝
睇雪肌膚　吳王山河空落日越王宮殿半
平蕪藕花菱蔓滿重湖

越女淘金春水上步搖雲鬟珮鳴璫渚風江
草又清香　不爲遠山凝翠黛只應含恨向
斜陽碧桃花榭憶劉郎

喜遷鶯

殘蟾落曉鍾鳴羽化覺身輕乍無春睡有餘

醒杏苑雪初晴　紫陌長襟袖冷不是人間
風景迴看塵土似前生休羡谷中鶯
金門曉玉京春駿馬驟輕塵樺煙深處白衫
新認得化龍身　九陌喧千戶啓滿袖桂香
風細杏園歡宴曲江濱自此占芳辰
清明節雨晴天得意正當年馬驕泥軟錦連
乹香袖半籠鞭　花色融人皆賞盡是繡鞍
朱鞅日斜無計更留連歸路草和煙

小重山

春到長門春草青玉堦華露滴月朧明東風吹斷紫簫聲宮漏促簾外曉啼鶯　愁極夢難成紅糚流宿淚不勝情手挼裙帶遶階行思君切羅幌暗塵生愁極作愁起遶階作遶宮非是合從舊本

秋到長門秋草黃畫梁雙鷰去出宮墻玉簫無復理霓裳金蟬墜鸞鏡掩休糚　憶昔在昭陽舞衣紅綬帶繡鴛鴦至今猶惹御鑪香

魂夢斷愁聽漏更長

離別難

寶馬曉鞴彫鞍羅幃乍別情難那堪春景媚送君千萬里半粧珠翠落露華寒紅蠟燭青絲曲偏能鈎引淚闌干 良夜促香塵緑魂欲迷檀眉半歛愁低未別心先咽欲語情難說出芳草路東西摇袖立春風急櫻花楊柳雨淒淒

相見歡

羅襦繡袂香紅畫堂中細草平沙蕃馬小屏風　卷羅幕凭粧閣思無窮暮雨輕煙魂斷隔簾櫳

醉公子

慢綰青絲髮光砑吳綾襪床上小熏籠韶州新退紅　叵耐無端處捻得從頭汚惱得眼慵開問人閑事來

女冠子

求仙去也翠鈿金篦盡捨入喦巒霧捲黃羅
帔雲彫白玉冠　野煙溪洞冷林月石橋寒
靜夜松風下禮天壇
雲羅霧縠新授明威法籙降真函髻綰青絲
髮冠抽碧玉篸　往來雲過五去住島經三
正遇劉郎使啓瑶緘

謁金門

春滿院疊損羅衣金線睡覺水精簾未捲簷
前雙語鷰　斜掩金鋪一扇滿地落花千片
早是相思腸欲斷忍交頻夢見

柳枝　牛給事　嶠

解凍風來末上青解垂羅袖拜卿卿無端裊
娜臨官路舞送行人過一生
吳王宮裏色偏深一簇纖條萬縷金不憤前
塘蘇小小引郎松下結同心

橋北橋南千萬條恨伊張緒不相饒金羈白
馬臨風望認得楊家靜婉腰
狂雪隨風撲馬飛惹煙無力被春欺莫交移
入靈和殿宮女三千又妬伊
裊翠籠煙拂暖波舞裙新染麴塵羅章華臺
畔隋堤上傍得春風尔許多

花間集卷第三

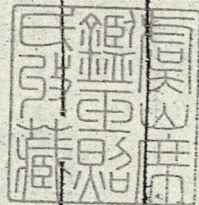

花間集卷第四

牛給事嶠 二十六首

女冠子 四首　夢江南 二首

感恩多 二首　應天長 二首

更漏子 三首　望江怨 一首

菩薩蠻 七首　酒泉子 一首

定西番 一首　玉樓春 一首

西溪子 一首　江城子 二首

張舍人 泌 二十三首

浣溪沙 十首　臨江仙 一首

女冠子 一首　河傳 二首

酒泉子 二首　生查子 一首

思越人 一首　滿宮花 一首

柳枝 一首　南歌子 三首

女冠子

牛給事 嶠

綠雲高髻點翠勻紅時世月如眉淺笑含雙

鬙低聲唱小詞　眼看唯恐化魂蕩欲相隨
玉趾迴嬌步約佳期
錦江煙水卓女燒春濃美小檀霞繡帶芙蓉
帳金釵芍藥花　額黃侵膩髮臂釧透紅紗
柳暗鶯啼處認郎家
星冠霞帔住在蘂珠宮裏佩丁當明翠搖蟬
翼纖珪理宿粧　醮壇春草綠藥院杏花香
青鳥傳心事寄劉郎

雙飛雙舞春晝後園鶯語卷羅幃錦字書封了銀河鴈過遲　鴛鴦排寶帳荳蔻繡連枝不語句珠淚落花時

夢江南

啣泥鷰飛到畫堂前占得杏梁安穩處體輕唯有主人憐堪羨好因緣

紅繡被兩兩間鴛鴦不是鳥中偏愛尔爲緣交頸睡南塘全勝薄情郎

感恩多

两條紅粉淚多少香閨意强攀桃李枝斂愁眉　陌上鶯啼蝶舞柳花飛柳花飛願得郎心憶家還早歸

自從南浦别愁見丁香結近來情轉深憶鴛衾　幾度將書託煙鴈淚盈襟淚盈襟禮月求天願君知我心

應天長

玉樓春望晴煙滅舞衫斜卷金條脫黃鸝嬌
囀聲初歇杏花飄盡攏山雪 鳳釵低赴節
筵上王孫愁絕鴛鴦對啣羅結兩情深夜月
雙眉澹薄藏心事清夜背燈嬌又醉玉釵橫
山枕膩寶帳鴛鴦春睡美 別經時無限意
虛道相思憔悴莫信綵牋書裏賺人腸斷字

更漏子

星漸稀漏頻轉何處輪臺聲怨香閣掩杏花

紅月明楊柳風　挑錦字記情事唯願兩心
相似收淚語背燈眠玉釵橫枕邊
春夜闌更漏促金燼暗挑殘燭驚夢斷錦屏
深兩鄉明月心　閨草碧望歸客還是不知
消息辜負我悔憐君告天天不聞
南浦情紅粉淚爭柰兩人深意低翠黛卷征
衣馬嘶霜葉飛　招手別寸腸結還是去年
時節書託鴈夢歸家覺來江月斜

望江怨

東風急惜別花時手頻執羅幃愁獨入馬嘶殘雨春蕪濕倚門立寄語薄情郎粉香和淚泣

菩薩蠻

舞裙香暖金泥鳳畫梁語燕驚殘夢門外柳花飛玉郎猶未歸　愁匀紅粉淚眉剪春山翠何處是遼陽錦屏春晝長

柳花飛處鶯聲急晴街春色香車立金鳳小

簾開臉波和恨來　今宵求夢想難到青樓
上贏得一場愁鴛衾誰並頭
玉釵風動春幡急交枝紅杏籠煙泣樓上望
卿卿窻寒新雨晴　薰爐蒙翠被繡帳鴛鴦
睡何處最相知羨他初畫眉
畫屏重疊巫陽翠楚神尚有行雲意朝暮幾
般心向他情謾深　風流今古隔虛作瞿塘
客山月照山花夢迴燈影斜

風簾鸞舞鶯啼柳粧臺約鬢低纖手釵重髻
盤珊一枝紅牡丹　門前行樂客白馬嘶春
色故故墜金鞭迴頭應眼穿
綠雲鬢上飛金雀愁眉斂翠春煙薄香閨掩
芙蓉畫屏山幾重　窗寒天欲曙猶結同心
苣啼粉污羅衣問郎何日歸
玉樓冰簟鴛鴦錦粉融香汗流山枕簾外轆
轤聲斂眉含笑驚　柳陰煙漠漠低鬢蟬釵

落須作一生拚盡君今日歡

酒泉子

記得去年煙暖杏園花正發雪飄香江草綠
柳絲長　鈿車纖手卷簾望眉學春山樣鳳
釵低裊翠鬟上落梅粧

定西番

紫塞月明千里金甲冷戍樓寒夢長安　鄉
思望中天闊漏殘星亦殘畫角數聲嗚咽雪

漫漫

玉樓春

春入橫塘搖淺浪花落小園空惆悵此情誰信爲狂夫恨翠愁紅流枕上　小玉窻前嗔鸞語紅淚滴穿金線縷鴈歸不見報郎歸織成錦字封過與

西溪子

捍撥雙盤金鳳蟬鬢玉釵搖動畫堂前人不

語絃解語彈到昭君怨處翠娥愁不擡頭

江城子

鵁鶄飛起郡城東碧江空半灘風越王宮殿蘋葉藕花中簾卷水樓漁浪起千片雪雨濛濛

極浦煙消水鳥飛離筵分首時送金巵渡口楊花狂雪任風吹日暮空江波浪急芳草岸雨如絲

浣溪沙　張舍人 泌

鈿轂香車過柳堤樺煙分處馬頻嘶爲他沉
醉不成泥　花滿驛亭香露細杜鵑聲斷玉
蟾低含情無語倚樓西
馬上凝情憶舊遊照花淹竹小溪流鈿箏羅
幕玉搔頭　早是出門長帶月可堪分袂又
經秋晚風斜日不勝愁
獨立寒堦望月華露濃香泛小庭花繡屏愁
背一燈斜　雲雨自從分散後人間無路到

仙家但憑魂夢訪天涯
依約殘眉理舊黃翠鬟拋擲一簪長暖風晴
日罷朝粧　閑折海棠看又撚玉纖無力惹
餘香此情誰會倚斜陽
翡翠屏開繡幄紅謝娥無力曉粧慵錦帷鴛
被宿香濃　微雨小庭春寂寞鷰飛鶯語隔
簾櫳杏花凝恨倚東風
枕障燻鑪隔繡幃二年終日兩相思杏花明

月始應知　天上人間何處去舊歡新夢覺
來時黃昏微雨畫簾垂
花月香寒悄夜塵綺筵幽會暗傷神嬋娟依
約畫屏人　人不見時還暫語令纔拋後愛
微顰越羅巴錦不勝春
偏戴花冠白玉簪睡容新起意沉吟翠鈿金
縷鎭眉心　小檻日斜風悄悄隔簾零落杏
花隂斷香輕碧鏁愁深

晩逐香車入鳳城東風斜揭繡簾輕慢迴嬌
眼笑盈盈　消息未通何計是便須佯醉且
隨行依稀聞道太狂生
小市東門欲雪天衆中依約見神仙蕊黃香
畫帖金蟬　飲散黃昏人草草醉容無語立
門前馬嘶塵烘一街煙
臨江仙
煙收湘渚秋江靜蕉花露泣愁紅五雲雙鶴

去無蹤幾迴魂斷凝望向長空　翠竹暗留
珠淚怨聞調寶瑟波中花鬟月鬢綠雲重古
祠深殿香冷雨和風

女冠子

露花煙草寂寞五雲三島正春深皃減潛銷
玉香殘尚惹襟　竹疎虛檻靜松窗醮壇陰
何事劉郎去信沉沉

河傳

渺莽雲水惆悵暮帆去程迢遞夕陽芳草千里萬里鴈聲無限起　夢魂悄斷煙波裏心如醉相見何處是錦屏香冷無睡被頭多少淚

紅杏交枝相映密密濛濛一庭濃豔倚東風香融透簾櫳　斜陽似共春光語蝶爭舞更引流鶯妬魂銷千片玉罇前神仙瑤池醉暮天

酒泉子

春雨打窗驚夢覺來天氣曉畫堂深紅焰小

背蘭釭　酒香噴鼻懶開釭惆悵更無人共
醉舊巢中新鷰子語雙雙

紫陌青門三十六宮春色御溝輦路暗相通
杏園風　咸陽沽酒寶釵空笑指未央歸去
插花走馬落殘紅月明中

生查子

相見稀喜相見相見還相遠檀畫荔枝紅金
蔓蜻蜓軟　魚鴈疏芳信斷花落庭陰晚可

惜玉肌膚銷瘦成慵懶

思越人

鸞雙飛鶯百囀越波堤下長橋鬭鈿花笄金匣恰舞衣羅薄纖腰　東風澹蕩慵無力黛眉愁聚春碧滿地落花無消息月明腸斷空憶

滿宮花

花正芳樓似綺寂寞上陽宮裏鈿籠金瑣睡鴛鴦簾冷露華珠翠　嬌艷輕盈香雪膩細

雨黄鶯雙起東風惆悵欲清明公子橋邊沉醉

柳枝

膩粉瓊粧透碧紗雪休誇金鳳搔頭墜鬢斜髮交加　倚着雲屏新睡覺思夢笑紅腮隱出枕函花有些些

南歌子

柳色遮樓暗桐花落砌香畫堂開處遠風凉高卷水精簾額襯斜陽

岸柳拖煙緑庭花照日紅數聲蜀魄入簾櫳

驚斷碧窻殘夢畫屏空

錦薦紅鸂鶒羅衣繡鳳皇綺踈飄雪北風狂

簾幕盡垂無事鬱金香

花間集卷第四

花間集卷第五　五十首

張舍人 泌 四首

江城子 二首　河瀆神 一首

胡蝶兒 一首

毛司徒 文錫 三十一首

虞美人 二首　酒泉子 一首

喜遷鶯 一首　贊成功 一首

西溪子 一首　中興樂 一首

更漏子一首　接賢賓一首
贊浦子一首　甘州遍二首
紗窻恨二首　柳含煙四首
醉花間二首　浣沙溪一首
浣溪沙一首　月宮春一首
戀情深二首　訴衷情二首
應天長一首　河滿子一首
巫山一段雲一首　臨江仙一首

牛學士 希濟 十一首

臨江仙 七首　　酒泉子 一首

生查子 一首　　中興樂 一首

謁金門 一首

歐陽舍人 炯 四首

浣溪沙 三首　　三字令 一首

江城子　　張舍人 泌

碧欄干外小中庭雨初晴曉鶯聲飛絮落花

時節近清明睡起卷簾無一事匀面了没心情

浣花溪上見卿卿臉波秋水明黛眉輕綠雲高綰金簇小蜻蜓好是問他來得麼和笑道莫多情

河瀆神

古樹噪寒鴉滿庭楓葉蘆花晝燈當午隔輕紗畫閣珠簾影斜　門外往來祈賽客翩翩帆落天涯迴首隔江煙火渡頭三兩人家

胡蝶兒

胡蝶兒晚春時阿嬌初着淡黃衣倚窗學畫伊 還似花間見雙雙對對飛無端和淚拭燕脂惹教雙翅垂

虞美人

毛司徒 文錫

鴛鴦對浴銀塘暖水靣蒲梢短垂楊低拂麴塵波蛟絲結網露珠多滴圓荷 遥思桃葉吴江碧便是天河隔錦鱗紅鬣影沉沉相思

空有夢相尋意難任
寶檀金縷鴛鴦枕綬帶盤宫錦夕陽低映小
窻明南園緑樹語鶯鶯夢難成　玉鑪香暖
頻添炷滿地飄輕絮珠簾不卷度沉煙庭前
閑立畫鞦韆艷陽天

酒泉子

緑樹春深鷰語鶯啼聲斷續蕙風飄蕩入芳
叢惹殘紅　柳絲無力裊煙空金盞不辭須

滿酌海棠花下思朦朧醉香風

喜遷鶯

芳春景曖晴煙喬木見鶯遷傳枝偎葉語關關飛過綺叢間　錦翼鮮金毳軟百囀千嬌相喚碧紗窗曉怕聞聲驚破鴛鴦暖

賛成功

海棠未坼萬點深紅香包緘結一重重似含羞態邀勒春風蜂來蝶去任遶芳叢　昨夜

微雨飄灑庭中忽聞聲滴井邊桐美人驚起
坐聽晨鍾快教折取戴玉瓏璁

西溪子

昨日西溪遊賞芳樹奇花千樣瑣春光金罇
滿聽絃管嬌妓舞衫香暖不覺到斜暉馬馱歸

中興樂

荳蔻花繁煙艷深丁香軟結同心翠鬟女相
與共淘金　紅蕉葉裏猩猩語鴛鴦浦鏡中

鸞舞絲雨隔荔枝陰

更漏子

春夜闌春恨切花外子規啼月人不見夢難憑紅紗一點燈　偏怨別是芳節庭下丁香千結宵霧散曉霞輝梁間雙鸞飛

接賢賓

香韉鏤襜五花驄值春景初融流珠噴沫躞蹀汗血流紅　少年公子能乘馭金鑣玉轡

瓏璁爲惜珊瑚鞭不下驕生百步千蹤信穿花從拂柳向九陌追風

贊浦子

錦帳添香睡金鑪換夕薰懶結芙蓉帶慵拖翡翠裙 正是桃夭柳媚那堪暮雨朝雲宋玉高唐意裁瓊欲贈君

甘州遍

春光好公子愛閑遊足風流金鞍白馬雕弓

寶劒紅纓錦襜出長鞦　花蔽滕王衙頭尋芳逐勝歡宴絲竹不曾休美人唱揭調是甘州醉紅樓堯年舜日樂聖永無憂

秋風緊平磧鴈行低陣雲齊蕭蕭颯颯邊聲四起愁聞戍角與征鼙　青塚北黑山西沙飛聚散無定往往路人迷鐵衣冷戰馬血沾蹄破蕃奚鳳皇詔下步步躡丹梯

紗窻恨

新春鷰子還來至一雙飛壘巢泥濕時時墜
涴人衣　後園裏看百花發香風拂繡戶金
扉月照紗窻恨依依

雙雙蝶翅塗鉛粉咂花心綺窻繡戶飛來穩
畫堂陰　二三月愛隨飄絮伴落花來拂衣
襟更剪輕羅片傳黃金

柳含煙

隋堤柳汴河春夾岸綠陰千里龍舟鳳舸木

蘭香錦帆張　因夢江南春景好一路流蘇羽葆笙歌未盡起橫流鏁春愁

河橋柳占芳春映水含煙拂路幾迴攀折贈行人暗傷神　樂府吹爲橫笛曲能使離腸斷續不如移植在金門近天恩

章臺柳近垂旒低拂往來冠蓋朧朧春色滿皇州瑞煙浮　直與路邊江畔別免被離人攀折最憐京兆畫蛾眉葉纖時

御溝柳占春多半出宮墻婀娜有時倒影蘸

輕羅麴塵波　昨日金鑾巡上苑風亞舞腰

纖軟栽培得地近皇宮瑞煙濃

醉花間

休相問怕相問相問還添恨春水滿塘生鸂

鶒還相趁　昨夜雨霏霏臨明寒一陣偏憶

戍樓人久絕邊庭信

深相憶莫相憶相憶情難極銀漢是紅墻一

帶遥相隔　金盤珠露滴兩岸楡花白風揺

玉珮清今夕爲何夕

浣沙溪

春水輕波浸緑苔枇杷洲上紫檀開晴日眠

沙鸂鶒穩暖相隈　羅襪生塵游女過有人

逢着弄珠迴蘭麝飄香初解珮忘歸來

浣溪沙

七夕年年信不違銀河清淺白雲微蟾光鵲

影伯勞飛　每恨蟪蛄憐婺女幾迴嬌姤下
鴛機今宵嘉會兩依依

月宮春

水精宮裏桂花開神仙探幾迴紅芳金蕊繡
重臺低傾馬腦盃　玉兔銀蟾爭守護姮娥
姹女戲相偎遙聽鈞天九奏玉皇親看來

戀情深

滴滴銅壺寒漏咽醉紅樓月宴餘香殿會鴛

衾蕩春心　真珠簾下曉光侵鶯語隔瓊林
寶帳欲開慵起戀情深
玉殿春濃花爛熳簇神仙伴羅裙窣地縷黃
金奏清音　酒闌歌罷兩沉沉一笑動君心
永願作鴛鴦伴戀情深

訴衷情

桃花流水漾縱橫春晝彩霞明劉郎去阮郎
行惆悵恨難平　愁坐對雲屏算歸程何時

携手洞邊迎訴衷情

鴛鴦交頸繡衣輕碧沼藕花馨隈藻荇映蘭汀和雨浴浮萍 思婦對心驚想邊庭何時解珮掩雲屏訴衷情

應天長

平江波暖鴛鴦語兩兩釣船歸極浦蘆洲一夜風和雨飛起淺沙翹雪鷺 漁燈明遠渚蘭棹今宵何處羅袂從風輕舉愁殺採蓮女

河滿子

紅粉樓前月照碧紗窻外鶯啼夢斷遼陽音信那堪獨守空閨恨對百花時節王孫綠草萋萋

巫山一段雲

雨霽巫山上雲輕映碧天遠風吹散又相連十二晚峯前　暗濕啼猿樹高籠過客船朝朝暮暮楚江邊幾度降神仙

臨江仙

暮蟬聲盡落斜陽銀蟾影挂瀟湘黃陵廟側水茫茫楚山紅樹煙雨隔高唐　岸泊漁燈風颭碎白蘋遠散濃香靈娥鼓瑟韻清商朱絃淒切雲散碧天長

臨江仙　　牛學士希濟

峭碧參差十二峯冷煙寒樹重重瑤姬宮殿是仙蹤金鑪珠帳香靄晝偏濃　一自楚王

驚夢斷人間無路相逢至今雲雨帶愁容月
斜江上征棹動晨鍾
謝家仙觀寄雲岑巖蘿拂地成陰洞房不閑
白雲深當時丹竈一粒化黃金 石壁霞衣
猶半挂松風長似鳴琴時聞唳鶴起前林十
洲高會何處許相尋
渭闕宮城秦樹凋玉樓獨上無憀含情不語
自吹簫調清和恨天路逐風飄 何事乘龍

人忽降似知深意相招三清携手路非遥世
間屛障彩筆畫嬌饒
江繞黃陵春廟閑嬌鶯獨語關關滿庭重疊
綠苔斑陰雲無事四散自歸山　簫鼓聲稀
香爐冷月娥斂盡彎環風流皆道勝人間須
知枉客判死爲紅顔
素洛春光瀲灩平千重媚臉初生淩波羅襪
勢輕輕煙籠日照珠翠半分明　風引寶衣

疑欲舞鸞迴鳳翥堪驚也知心許恐無成陳
王辭賦千載有聲名
柳帶搖風漢水濱平蕪兩岸爭匀鴛鴦對浴
浪痕新弄珠游女微笑自含春 輕步暗移
蟬鬢動羅裙風惹輕塵水精宮殿豈無因空
勞纖手解珮贈情人
洞庭波浪颭晴天君山一點凝煙此中真境
屬神仙玉樓珠殿相映月輪邊 萬里平湖

秋色冷星辰垂影參然橘林霜重更紅鮮羅
浮山下有路暗相連

酒泉子

枕轉簟涼清曉遠鐘殘夢月光斜簾影動舊
鑪香　夢中説盡相思事纖手勻雙淚去年
書今日意斷離腸

生查子

春山煙欲收天澹稀星小殘月臉邊明別淚

臨清曉 語已多情未了迴首猶重道記得

綠羅裙處處憐芳草 一本無已字

中興樂

池塘暖碧浸晴暉濛濛柳絮輕飛紅蕊凋來

醉夢還稀 春雲空有鴈歸珠簾垂東風寂

寞恨郎抛擲淚濕羅衣

謁金門

秋已暮重疊關山岐路嘶馬搖鞭何處去曉

禽霜滿樹　夢斷禁城鍾鼓淚滴枕檀無數
一點凝紅和薄霧翠娥愁不語

浣溪沙　歐陽舍人 炯

落絮殘鶯半日天玉柔花醉只思眠惹窗映
竹滿爐煙　獨掩畫屏愁不語斜欹瑤枕髻
鬟偏此時心在阿誰邊

天碧羅衣拂地垂美人初着更相宜宛風如
舞透香肌　獨坐含嚬吹鳳竹園中緩步折

花枝有情無力泥人時

相見休言有淚珠酒闌重得叙歡娛鳳屏鴛枕宿金鋪　蘭麝細香聞喘息綺羅纖縷見肌膚此時還恨薄情無

三字令

春欲盡日遲遲牡丹時羅幌卷翠簾垂彩牋書紅粉淚兩心知　人不在鷰空歸負佳期香燼落枕函欹月分明花澹薄惹相思

花間集卷第五

花間集卷第六　五十一首

歐陽舍人 炯 十三首
南鄉子 八首　獻衷心 一首
賀明朝 二首　江城子
鳳樓春 一首
和學士 凝 二十首
小重山 二首　臨江仙 二首
菩薩蠻 一首　山花子 二首

河滿子 二首　薄命女 一首
望梅花 一首　天仙子 二首
春光好 二首　採桑子 一首
柳枝 三首　漁父 一首
顧太尉 夐 十八首
虞美人 六首　河傳 三首
甘州子 五首　玉樓春 四首
南鄉子　歐陽舍人 炯

嫩草如煙石榴花發海南天日暮江亭春影
淥鴛鴦浴水遠山長看不足
畫舸停橈槿花籬外竹横橋水上遊人沙上
女迴顧笑指芭蕉林裏住
岸遠沙平日斜歸路晚霞明孔雀自憐金翠
尾臨水認得行人驚不起
洞口誰家木蘭船繫木蘭花紅袖女郎相引
去遊南浦笑倚春風相對語

二八花鈿胷前如雪臉如蓮耳墜金鐶穿瑟
瑟霞衣窄笑倚江頭招遠客
路入南中桄榔葉暗蓼花紅兩岸人家微雨
後收紅豆樹底纖纖擡素手
袖斂鮫綃採香深洞笑相邀藤杖枝頭蘆酒
滴鋪葵蓆豆蔻花間趖晚日
翡翠鵁鶄白蘋香裏小沙汀島上陰陰秋雨
色蘆花撲數隻魚船何處宿

獻衷心

見好花顔色爭笑東風雙臉上晚粧同閑小樓深閤春景重重三五夜偏有恨月明中情未已信曾通滿衣猶自染檀紅恨不如雙鷰飛舞簾櫳春欲暮殘絮盡柳條空

賀明朝

憶昔花間初識面紅袖半遮粧臉輕轉石榴裙帶故將纖纖玉指偷撚雙鳳金線　碧梧

桐瑣深深院誰料得兩情何日教繾綣羨春
來雙鷰飛到玉樓朝暮相見
憶昔花間相見後只憑纖手暗抛紅豆人前
不解巧傳心事别來依舊辜負春晝　碧羅
衣上蹙金繡覩對鴛鴦空裛淚痕透想韶顔
非久終是爲伊只恁偷瘦

江城子

晚日金陵岸草平落霞明水無情六代繁華

暗逐逝波聲空有姑蘇臺上月如西子鏡照
江城

鳳樓春

鳳髻綠雲叢深掩房櫳錦書通夢中相見覺
來慵匀面淚臉珠融因想玉郎何處去對淑
景誰同　小樓中春思無窮倚欄顒望闇牽
愁緒柳花飛起東風斜日照簾羅幌香冷粉
屏空海棠零落鶯語殘紅

小重山　　和學士凝

春入神京萬木芳禁林鶯語滑蝶飛狂曉花攀露妬啼粧紅日永風和百花香　煙瑣柳絲長御溝澄碧水轉池塘時時微雨洗風光天衢遠到處引笙簧

正是神京爛熳時羣仙初折得郄詵枝烏犀白紵最相宜精神出御陌袖鞭垂　柳色展愁眉管絃分響亮探花期光陰占斷曲江池

新牓上名姓徹丹墀

臨江仙

海棠香老春江晚小樓霧縠涳濛翠鬟初出繡簾中麝煙鸞珮惹蘋風　碾玉釵搖鸂鶒戰雪肌雲鬢將融含情遥指碧波東越王臺殿蓼花紅

披袍窣地紅宮錦鶯語時轉輕音碧羅冠子穩犀簪鳳皇雙颭步摇金　肌骨細匀紅玉

軟臉波微送春心嬌羞不肯入鴛衾蘭膏光裏兩情深

菩薩蠻

越梅半拆輕寒裏冰清澹薄籠藍水暖覺杏梢紅遊絲狂惹風　閑堦莎徑碧遠夢猶堪惜離恨又迎春相思難重陳

山花子

鶯錦蟬縠馥麝臍輕裾花草曉烟迷鸂鶒顫

金紅掌墜翠雲低　星靨笑隈霞臉畔蹙金
開襜襯銀泥春思半和芳草嫩綠萋萋
銀字笙寒調正長水紋簟冷畫屏涼玉腕重
金扼臂澹梳粧　幾度試香纖手暖一迴嘗
酒絳脣光佯弄紅絲蠅拂子打檀郎

河滿子

正是破瓜年幾含情慣得人饒桃李精神鸚
鵡舌可堪虛度良宵卻愛藍羅裙子羨他長

束纖腰

寫得魚牋無限其如花鏁春輝目斷巫山雲雨空教殘夢依依却愛薰香小鴨羨他長在屛幃

薄命女 一名長命女

天欲曉宮漏穿花聲繚繞牕裏星光少冷霞寒侵帳額殘月光沉樹杪夢斷錦幃空悄悄強起愁眉小

望梅花

春草全無消息臘雪猶餘蹤跡越嶺寒枝香自折冷艷奇芳堪惜何事壽陽無處覓吹入誰家橫笛

天仙子

柳色披衫金縷鳳纖手輕捻紅豆弄翠娥雙臉正含情桃花洞瑤臺夢一片春愁誰與共

丣古柳字後方從木又一本作丣兩存之

洞口春紅飛蔌蔌仙子含愁眉黛綠阮郎何事不歸來懶燒金爐篆玉流水桃花空斷續

春光好

紗窗暖畫屏閑嚲雲鬟睡起四肢無力半春間　玉指剪裁羅勝金盤點綴酥山窺宋深心無限事小眉彎

蘋葉軟杏花明畫船輕雙浴鴛鴦出淥汀棹歌聲　春水無風無浪春天半雨半晴紅粉

相隨南浦晚幾含情

採桑子

蝤蠐領上訶梨子繡帶雙垂椒戶閑時競學樗蒲賭荔枝　叢頭鞋子紅編細裙窣金絲無事嚬眉春思翻教阿母疑

柳枝

軟碧搖煙似送人映花時把翠蛾顰青青自是風流主慢颭金絲待洛神

瑟瑟羅裙金縷腰黛眉隈破未重描醉來咬損新花子拽住仙郎儘放嬌

鵲橋初就咽銀河今夜仙郎自姓和不是昔年攀桂樹豈能月裏索恒娥

漁父

白芷汀寒立鷺鷥蘋風輕剪浪花時烟冪冪日遲遲香引芙蓉惹釣絲

虞美人　顧太尉 敻

曉鶯啼破相思夢簾卷金泥鳳宿粧猶在酒
初醒翠翹慵整倚雲屏轉娉婷　香檀細畫
侵桃臉羅袂輕輕斂佳期堪恨再難尋綠蕪
滿院柳成陰負春心
觸簾風送景陽鍾鴛被繡花重曉幃初卷冷
煙濃翠勻粉黛好儀容思嬌慵　起來無語
理朝粧寶匣鏡凝光綠荷相倚滿池塘露清
枕簟藕花香恨悠揚

翠屏閑掩垂珠箔絲雨籠池閣露粘紅藕咽
清香謝娘嬌極不成狂罷朝粧　小金鸂鶒
沉煙細膩枕堆雲髻淺眉微斂注檀輕舊懽
時有夢魂驚悔多情
碧梧桐映紗窻晚花謝鶯聲懶小屏屈曲掩
青山翠幃香粉玉爐寒兩蛾攢　顛狂年少
輕離別辜負春時節畫羅紅袂有啼痕魂銷
無語倚閨門欲黃昏

深閨春色勞思想恨共春蕪長黃鸝嬌囀泥
芳妍杏枝如畫倚輕煙瑣窗前 凭欄愁立
雙娥細柳影斜搖砌玉郎還是不還家教人
魂夢逐楊花繞天涯

少年豔質勝瓊英早晚別三清蓮冠穩篸鈿
篦橫飄飄羅袖碧雲輕畫難成 遲遲少轉
腰身裊翠靨眉心小醮壇風急杏枝香此時
恨不駕鸞凰訪劉郎

河傳

鷰颺晴景小窗屏暖鴛鴦交頸菱花掩却翠鬟欹慵整海棠簾外影　繡幃香斷金鸂鶒無消息心事空相憶倚東風春正濃愁紅淚痕衣上重

曲檻春晚碧流紋細綠楊絲軟露花鮮杏枝繁鶯囀野蕪平似剪　直是人間到天上堪遊賞醉眼疑屏障對池塘惜韶光斷腸爲花

須盡狂
棹舉舟去波光渺渺不知何處岸花汀草共
依依雨微鷓鴣相逐飛　天涯離恨江聲咽
啼猿切此意向誰説欄檻獨無憀魂銷小
爐香欲焦

甘州子

一爐龍麝錦帷傍屏掩映燭熒煌禁樓刁斗
喜初長羅薦繡鴛鴦山枕上私語口脂香

每逢清夜與良晨多悵望足傷神雲迷水隔
意中人寂寞繡羅茵山枕上幾點淚痕新
曾如劉阮訪仙蹤深洞客此時逢綺筵散後
繡衾同款曲見韶容山枕上長是怯晨鍾
露桃花裏小樓深持玉盞聽瑤琴醉歸青瑣
入鴛衾月色照衣襟山枕上翠鈿鎮眉心
紅鑪深夜醉調笙敲拍處玉纖輕小屏古畫
岸低平煙月滿閑庭山枕上燈背臉波橫

玉樓春

月照玉樓春漏促颯颯風搖庭砌竹夢驚鴛被覺來時何處管絃聲斷續　惆悵少年遊冶去枕上兩蛾攢細緑曉鶯簾外語花枝背帳猶殘紅蠟燭

柳映玉樓春日晚雨細風輕煙草軟畫堂鸚鵡語雕籠金粉小屏猶半掩　香滅繡幃人寂寂倚檻無言愁思遠恨郎何處縱踈狂長

使含啼眉不展
月皎露華窻影細風送菊香粘繡袂博山爐
冷水沉微惆悵金閨終日閑　懶展羅衾垂
玉筯羞對菱花簌寳髻良宵好事枉教休無
計那他狂耍壻
拂水雙飛來去鷰曲檻小屏山六扇春愁凝
思結眉心緑綺懶調紅錦薦　話別情多聲
欲顫玉筯痕留紅粉面鎮長獨立到黄昏却

怕良宵頻夢見

花間集卷第六

花間集卷第七

顧太尉 敻 三十七首

浣溪沙 八首　酒泉子 七首

楊柳枝 一首　遐方怨 一首

獻衷心 一首　應天長 一首

訴衷情 二首　荷葉盃 九首

漁歌子 一首　臨江仙 三首

醉公子 二首　更漏子 二首

孫少監光憲十三首

浣溪沙九首　河傳四首

浣溪沙　顧太尉敻

春色迷人恨正賒可堪蕩子不還家細風輕露著梨花　簾外有情雙鷰颺檻前無力綠楊斜小屏狂夢極天涯

紅藕香寒翠渚平月籠虛閣夜蛩清塞鴻驚夢兩牽情　寶帳玉爐殘麝冷羅衣金縷暗

塵生小窗孤燭淚縱橫（舊前作天際鴻枕上夢兩牽情後作小窗深孤燭背月淚縱橫）

荷芰風輕簾幕香繡衣鸂鶒泳迴塘小屏閑掩舊瀟湘　恨入空幃鸞影獨淚凝雙臉渚蓮光薄情年少悔思量

惆悵經年別謝娘月窗花院好風光此時相望最情傷　青鳥不來傳錦字瑤姬何處瑣蘭房忍教魂夢兩茫茫

庭菊飄黃玉露濃冷莎隈砌隱鳴蛩何期良

夜得相逢　背帳風搖紅蠟滴惹香暖夢繡
衾重覺來枕上怯晨鍾
雲澹風高葉亂飛小庭寒雨緑苔微深閨人
靜掩屏幃　粉黛暗愁金帶枕鴛鴦空繞畫
羅衣那堪辜負不思歸
鳫響遙天玉漏清小紗窗外月朧明翠幃金
鴨炷香平　何處不歸音信斷良宵空使夢
魂驚簟凉枕冷不勝情

露白蟾明又到秋佳期幽會兩悠悠夢牽情役幾時休　記得詑人微斂黛無言斜倚小書樓暗思前事不勝愁

酒泉子

楊柳舞風輕惹春煙殘雨杏花愁鶯正語畫樓東　錦屏寂寞思無窮還是不知消息鏡塵生珠淚滴損儀容

羅帶縷金蘭麝煙凝魂斷畫屏欹雲鬢亂恨

難任　幾迴垂淚滴鴛衾薄情何處去月臨
窗花滿樹信沉沉
小檻日斜風度綠窗人悄悄翠幃閑掩舞雙
鸞舊香寒　别來情緒轉難撩韶顔看却老
依俙粉上有啼痕暗銷魂
黛薄紅深約掠綠鬟雲膩小鴛鴦金翡翠稱
人心　錦鱗無處傳幽意海鷰蘭堂春又去
隔年書千點淚恨難任

掩卻菱花收拾翠鈿休上面金虫玉鷰鎖香
奩恨厭厭　雲鬟半墜懶重簪淚侵山枕濕
銀燈背帳夢方酣鴈飛南
水碧風清入檻細香紅藕膩謝娘斂翠恨無
涯小屏斜　堪憎蕩子不還家謾留羅帶結
帳深枕膩炷沉煙負當年
黛怨紅羞掩映畫堂春欲暮殘花微雨隔青
樓思悠悠　芳菲時節看將度寂寞無人還

獨語盡羅襦香粉汚不勝愁

楊柳枝

秋夜香閨思寂寥漏迢迢鴛幃羅幌麝煙銷燭光搖　正憶玉郎遊蕩去無尋處更聞簾外雨蕭蕭滴芭蕉

遐方怨

簾影細簟紋平象紗籠玉指縷金羅扇輕嫩紅雙臉似花明兩條眉黛遠山橫　鳳簫歇

鏡塵生遼塞音書絕夢魂長暗驚玉郎經歲
負娉婷教人爭不恨無情

獻衷心

繡鴛鴦帳暖畫孔雀屏欹人悄悄月明時想
昔年懽笑恨今日分離銀釭背銅漏永阻佳
期　小爐煙細虛閣簾垂幾多心事暗地思
惟被嬌娥牽役魂夢如癡金閨裏山枕上始
應知

應天長

瑟瑟羅裙金線縷輕透鵝黃香畫袴垂交帶
盤鸚鵡裊 翠翹移玉步 背人勻檀注慢轉
橫波偷覷歛黛春情暗許倚屏慵不語

訴衷情

香滅簾垂春漏永整鴛衾羅帶重雙鳳縷黃
金窗外月光臨沉沉斷腸無處尋負春心
永夜拋人何處去絕來音香閣掩眉斂月將

沉爭忍不相尋怨孤衾換我心爲你心始知

相憶深

荷葉盃

春盡小庭花落寂寞凭檻斂雙眉忍教成病

憶佳期知摩知知摩知

歌發誰家筵上寥亮別恨正悠悠蘭釭背帳

月當樓愁摩愁愁摩愁

弱柳好花盡折晴陌陌上少年郎滿身蘭麝

撲人香狂摩狂狂摩狂
記得那時相見膽顫鬢亂四肢柔泥人無語
不擡頭羞摩羞羞摩羞
夜久歌聲怨咽殘月菊冷露微微看看濕透
縷金衣歸摩歸歸摩歸
我憶君詩最苦知否字字盡關心紅牋寫寄
表情深吟摩吟吟摩吟
金鴨香濃鴛鴦被枕膩小髻簪族花鈿腰如細柳

臉如蓮憐摩憐憐摩憐

曲砌蝶飛煙暖春半花發柳垂條花如雙臉

柳如腰嬌摩嬌嬌摩嬌

一去又乖期信春盡滿院長苺苔手捻裙帶

獨徘徊來摩來來摩來

漁歌子

曉風清幽沼綠倚欄凝望珎禽浴畫簾垂翠

屏曲滿袖荷香馥郁　好攄懷堪寓目身閑

心靜平生足酒盃深光影促名利無心較逐

臨江仙

碧染長空池似鏡倚樓閑望凝情滿衣紅藕細香清象床珎簟山障掩玉琴橫　暗想昔時歡笑事如今贏得愁生博山鑪暖澹煙輕蟬吟人靜殘日傍小窗明

幽閨小檻春光晚柳濃花澹鶯稀舊歡思想尚依依翠顰紅斂終日損芳菲　何事狂夫

音信斷不如梁鸞猶歸畫堂深處麝煙微屏
虚枕冷風細雨霏霏
月色穿簾風入竹倚屏雙黛愁時砌花含露
兩三枝如啼恨臉魂斷損容儀　香燼暗銷
金鴨冷可堪辜負前期繡襦不整鬢鬟攲幾
多惆悵情緒在天涯
醉公子
漠漠秋雲澹紅藕香侵檻枕倚小山屏金鋪

向晚扃　睡起橫波慢獨望情何限衰柳數
聲蟬魂銷似去年
岸柳垂金線雨晴鶯百囀家住綠楊邊往來
多少年　馬嘶芳草遠高樓簾半捲斂袖翠
蛾攢相逢尔許難

更漏子

舊歡娛新帳望擁鼻含嚬樓上濃柳翠晚霞
微江鷗接翼飛　簾半捲屏斜掩遠岫參差

迷眼歌滿耳酒盈罇前非不要論

浣溪沙　孫少監 光憲

蓼岸風多橘柚香江邊一望楚天長片帆煙際閃孤光　目送征鴻飛杳杳思隨流水去茫茫蘭紅波碧憶瀟湘

桃杏風香簾幕閑謝家門戶約花關畫梁幽語鷰初還　繡閣數行題了壁曉屏一枕酒醒山却疑身是夢魂間 幽語一本作雙語

花漸凋疎不耐風畫簾垂地晚堂空墮堦縈
蘚舞愁紅　膩粉半粘金靨子殘香猶暖繡
薰籠蕙心無處與人同

攬鏡無言淚欲流凝情半日懶梳頭一庭疎
雨濕春愁　楊柳祇知傷怨別杏花應信損
嬌羞淚沾魂斷軫離憂

半踏長裾宛約行晚簾疎處見分明此時堪
恨昧平生　早是銷魂殘燭影更愁聞著品

絃聲杳無消息若爲情

蘭沐初休曲檻前暖風遲日洗頭天濕雲新斂未梳蟬　翠袂半將遮粉臆寶釵長欲墜香肩此時模樣不禁憐

風遞殘香出繡簾團窠金鳳舞襜襜落花微雨恨相兼　何處去來狂太甚空推宿酒睡無猒爭教人不别猜嫌

輕打銀箏墜鷰泥斷絲高罥畫樓西花冠閑

上午墻啼　粉籜半開新竹逕紅苞盡落舊
桃蹊不堪終日閉深閨

烏帽斜欹倒佩魚靜街偷步訪仙居隔墻應
認打門初　将見客時微掩斂得人憐處且
生踈低頭羞問壁邊書

河傳

太平天子等閑遊戲䟽河千里柳如絲隈倚
淥波春水長淮風不起　如花殿脚三千女

爭雲雨何處留人住錦帆風煙際紅燒空魂
迷大業中
柳拖金縷着煙籠霧濛濛落絮鳳皇舟上楚
女妙舞雷喧波上鼓　龍爭虎戰分中土人
無主桃葉江南渡襞花牋艷思牽成篇宮娥
相與傳
花落煙薄謝家池閣寂寞春深翠娥輕斂意
沉吟沾襟無人知此心　玉鑪香斷霜灰冷

簾鋪影梁鷰歸紅杏晚來天空悄然孤眠枕
檀雲髻偏
風颭波斂團荷閃閃珠傾露點木蘭舟上何
處吳娃越艷藕花紅照臉　大堤狂殺襄陽
客煙波隔渺渺湖光白身已歸心不歸斜暉
遠汀鸂鶒飛

花間集卷第七

花間集卷第八　四十九首

孫少監　光憲　四十七首

菩薩蠻　五首　　河瀆神　二首
虞美人　二首　　後庭花　二首
生查子　三首　　臨江仙　二首
酒泉子　三首　　清平樂　二首
更漏子　二首　　女冠子　一首
風流子　三首　　定西番　二首

河滿子一首　玉胡蝶一首

八拍蠻一首　竹枝一首

思帝鄉一首　上行盃二首

謁金門一首　思越人二首

楊柳枝四首　望梅花一首

漁歌子二首

魏太尉承班二首

菩薩蠻二首

菩薩蠻　　孫少監光憲

月華如水籠香砌金鐶碎撼門初閉寒影墮高簷鈎垂一面簾　碧煙輕裊裊紅顫燈花笑即此是高唐掩屏秋夢長

花冠頻鼓墻頭翼東方澹白連窻色門外早鶯聲背樓殘月明　薄寒籠醉態依舊鉛華在握手送人歸半拖金縷衣

小庭花落無人掃踈香滿地東風老春晚信

沉沉天涯何處尋　曉堂屏六扇眉共湘山
遠爭奈別離心近來尤不禁
青巖碧洞經朝雨隔花相喚南溪去一隻木
蘭舩波平遠浸天　扣舷驚翡翠嫩玉擡香
臂紅日欲沉西煙中遙解攜
木綿花映叢祠小越禽聲裏春光曉銅鼓與
蠻歌南人祈賽多　客帆風正急茜袖偎檣
立極浦幾回頭煙波無限愁

河瀆神

汾水碧依依黃雲落葉初飛翠華一去不言歸廟門空掩斜暉 四壁陰森排古畫依舊瓊輪羽駕小殿沉沉清夜銀燈飄落香灺

江上草芊芊春晚湘妃廟前一方卯（作夘夘古柳字 作泖泖水名）色楚南天數行征鴈聯翩 獨倚朱欄情不極魂斷終朝相憶兩槳不知消息遠汀時起鸂鶒

虞美人

紅窻寂寂無人語暗澹梨花雨繡羅紋地粉新描博山香炷旋抽條暗魂銷　天涯一去無消息終日長相憶教人相憶幾時休不堪悵觸別離愁淚還流

好風微揭簾旌起金翼鸞相倚翠簷愁聽乳禽聲此時春態暗關情獨難平　畫堂流水空相翳一穗香遙曳交人無處寄相思落花芳草過前期沒人知

後庭花

景陽鍾動宮鶯囀露凉金殿輕颸吹起瓊花旋玉葉如剪　晚來高閣上珠簾卷見墜香千片脩蛾慢臉陪雕輦後庭新宴（輕颸一作鮮飈）石城依舊空江國故宮春色七尺青絲芳草綠絕世難得　玉英凋落盡更何人識野棠如織只是教人添怨憶悵望無極

生查子

寂寞掩朱門正是天將暮暗澹小庭中滴滴
梧桐雨　繡工夫牽心緒配盡鴛鴦縷待得
没人時偎倚論私語
暖日策花驄嚲鞚垂楊陌芳草惹煙青落絮
隨風白　誰家繡轂動香塵隱映神仙客狂
殺玉鞭郎咫尺音容隔
金井墮高梧玉殿籠斜月永巷寂無人斂態
愁堪絶　玉爐寒香燼滅還似君恩歇翠輦

不歸來幽恨將誰說

臨江仙

霜拍井梧乾葉墮翠幃雕檻初寒薄鈆殘黛稱花冠含情無語延佇倚欄干　杳杳征輪何處去離愁別恨千般不堪心緒正多端鏡奩長掩無意對孤鸞

暮雨凄凄深院閉燈前凝坐初更玉釵低壓鬢雲橫半垂羅幕相映燭光明　終是有心

投漢珮低頭但理秦箏鷰雙鸞耦不勝情只愁明發將逐楚雲行

酒泉子

空磧無邊萬里陽關道路馬蕭蕭人去去隴雲愁　香貂舊製戎衣窄胡霜千里白綺羅心魂夢隔上高樓

曲檻小樓正是鶯花二月思無憀愁欲絕鬱離襟　展屏空對瀟湘水眼前千萬里淚掩

紅眉斂翠恨沉沉

斂態窻前裊裊雀釵拋頸鷰成雙鸞對影耦新知　玉纖澹拂眉山小鏡中嗔共照翠連娟紅縹緲早粧時

清平樂

愁腸欲斷　正是青春半連理分枝鸞失伴又是一塲離散　掩鏡無語眉低思隨芳草萋萋憑仗東風吹夢與郎終日東西

等閑無語春恨如何去終是疎狂留不住花
暗柳濃何處　盡日目斷魂飛晚窻斜界殘
暉長恨朱門薄暮繡鞍驄馬空歸

更漏子

聽寒更聞遠鴈半夜蕭娘深院扃繡戸下珠
簾滿庭噴玉蟾　人語靜香閨冷紅幕半垂
清影雲雨態蕙蘭心此情江海深
今夜期來日别相對秖堪愁絕偎粉面撚搖

簪無言淚滿襟　銀箭落霜華薄墻外曉鷄
咿喔聽付囑惡情悰斷腸西復東

女冠子

蕙風芝露壇際殘香輕度蘂珠宮苔點分圓
碧桃花踐破紅　品流巫峽外名籍紫微中
真侶墉城會夢魂通
澹花瘦玉依約神仙粧束佩瓊文瑞露通宵
貯幽香盡日焚　碧煙籠絳節黃藕冠濃雲

勿以吹簫伴不同羣

風流子

茅舍槿籬溪曲鷄犬自南自北菰葉長水葓開門外春波漲淥聽織聲促軋軋鳴梭穿屋

樓倚長衢欲暮瞥見神仙伴侶微傅粉攏梳頭隱映畫簾開處無語無緒慢曳羅裙歸去

金絡玉銜嘶馬繫向綠楊陰下朱戶掩繡簾垂曲院水流花榭歡罷歸也猶在九衢深夜

定西番

雞禄山前遊騎　邊草白　朔天明　馬嗁輕　鵲面弓離短韔　彎來月欲成　一隻鳴髇雲外　曉鴻驚

帝子枕前秋夜　霜幄冷　月華明　正三更　何處戍樓寒笛　夢殘聞一聲　遥想漢關萬里　淚縱横

河滿子

冠劍不隨君去江河還共恩深歌袖半遮眉黛慘淚珠旋滴衣襟惆悵雲愁雨怨斷魂何處相尋

王胡蝶

春欲盡景仍長滿園花正黃粉翅兩悠颺翩翩過短墻　鮮飈暖牽遊伴飛去立殘芳無語對蕭娘舞衫沉麝香

八拍蠻

孔雀尾拖金線長怕人飛起入丁香越女沙頭爭拾翠相呼歸去背斜陽

竹枝

門前春水竹枝白蘋花女兒岸上無人竹枝小艇斜女兒
商女經過竹枝江欲暮女兒散拋殘食竹枝飼神鴉女兒
亂繩千結竹枝絆人深女兒越羅萬丈竹枝表長尋女兒
楊柳在身竹枝垂意緒女兒藕花落盡竹枝見蓮心女兒

思帝鄉

如何遣情情更多永日水堂簾下斂着蛾六
幅羅裙窣地微行曳碧波看盡滿池疎雨打
團荷

上行盃

草草離亭鞍馬從遠道此地分衿燕宋秦吳
千萬里　無辭一醉野棠開江草濕佇立沾
泣征騎駸駸

離棹逡巡欲動臨極浦故人相送去住心情

知不共　金船滿捧綺羅愁絲管咽迴別帆
影滅江浪如雪

謁金門

留不得留得也應無益白紵春衫如雪色揚
州初去日　輕別離甘拋擲江上滿帆風疾
却羨彩鴛三十六孤鸞還一隻

思越人

古臺平芳草遠館娃宮外春深翠黛空留千

載恨教人何處相尋　綺羅無復當時事露
花點滴香淚惆悵遥天橫淥水鴛鴦對對飛
起
渚蓮枯宮樹老長洲廢苑蕭條想像玉人空
處所月明獨上溪橋　經春初敗秋風起紅
蘭綠蕙愁死一片風流傷心地魂銷目斷西
子

楊柳枝

閶門風暖落花乾飛遍江城雪不寒獨有晚
來臨水驛閑人多凭赤欄干
有池有榭即濛濛浸潤飜成長養功恰似有
人長點檢着行排立向春風
根柢雖然傍濁河無妨終日近笙歌䮭䮭金
帶誰堪比還共黃鶯不校多
萬株枯槁怨亡隋似弔吳臺各自垂好是淮
陰明月裏酒樓橫笛不勝吹

望梅花

數枝開與短墻平見雪萼紅跗相映引起誰人邊塞情　簾外欲三更吹斷離愁月正明空聽隔江聲

漁歌子

草芊芊波漾漾湖邊草色連波漲沿蓼岸泊楓汀天際玉輪初上　扣舷歌聯極望槳聲伊軋知何向黃鵠叫白鷗眠誰似儂家疎曠

泛流螢明又滅夜涼水泠東灣闊風浩浩笛
寥寥萬傾金波澄澈　杜若洲香郁烈一聲
宿鴈霜時節經雪水過松江盡屬儂家日月

菩薩蠻　魏太尉承斑

羅裾薄薄秋波染眉間畫時山兩點相見綺
筵時深情暗共知　翠翹雲鬢動斂態彈金
鳳宴罷入蘭房邀人解珮璫
羅衣穩約金泥畫玳筵一曲當秋夜聲泛覷

人嬌雲鬟裊翠翹　酒醺紅玉軟眉翠秋山

遠繡幌麝煙沉誰人知兩心

花間集卷第八

花間集卷第九　四十九首

魏太尉 承班 十二首

滿宮花 一首　木蘭花 一首

玉樓春 二首　訴衷情 五首

生查子 二首　黄鍾樂 一首

漁歌子 一首

鹿太保 虔扆 六首

臨江仙 二首　女冠子 二首

思越人一首　　虞美人一首

閻處士選八首

虞美人二首　　臨江仙二首

浣溪沙一首　　八拍蠻二首

河傳一首

尹參卿鶚六首

臨江仙二首　　滿宮花一首

杏園芳一首　　醉公子一首

菩薩蠻 一首

毛祕書 熙震 十六首

浣溪沙 七首　臨江仙 二首

更漏子 二首　女冠子 二首

清平樂 一首　南歌子 二首

滿宮花　魏太尉 承斑

雪霏霏風凜凜玉郎何處狂歡醉時想得縱

風流羅帳香幃鴛寢　春朝秋夜思君甚愁

見繡屏孤枕少年何事負初心淚滴縷金雙
袵

木蘭花

小芙蓉香旖旎碧玉堂深清似水閉寶匣掩
金鋪倚屏拖袖愁如醉　遲遲好景煙花媚
曲渚鴛鴦眠錦翅凝然愁望靜相思一雙笑
靨嚬香蘂

玉樓春

寂寂畫堂梁上鷰高卷翠簾橫數扇一庭春
色惱人來滿地落花紅幾片 愁倚錦屏低
雪面淚滴繡羅金縷線好天涼月盡傷心為
是玉郎長不見
輕斂翠蛾呈皓齒鶯囀一枝花影裏聲聲清
逈遏行雲寂寂畫梁塵暗起 玉斝滿斟情
未已促坐王孫公子醉春風筵上貫珠勻艷
色韶顏嬌旎旖

訴衷情

高歌宴罷月初盈詩情引恨情煙露冷水流

輕思想夢難成　羅帳裊香平恨頻生思君

無計睡還醒隔層城

春深花簇小樓臺風飄錦繡開新睡覺步香

堦山枕印紅腮　鬢亂墜金釵語檀偎臨行

執手重重囑幾千迴

銀漢雲晴玉漏長蛩聲悄畫堂筠簟冷碧窗

涼紅蠟淚飄香　皓月瀉寒光割人腸那堪
獨自步池塘對鴛鴦
金風輕透碧窗紗銀釭焰影斜欹枕卧恨何
賒山掩小屏霞　雲雨別吳娃想容華夢成
幾度遶天涯到君家
春情滿眼臉紅銷嬌妬索人饒星靨小玉璫
搖幾共醉春朝　別後憶纖腰夢魂勞如今
風葉又蕭蕭恨迢迢

生查子

煙雨晚晴天零落花無語難話此時心梁鷰雙來去　琴韻對薰風有恨和情撫腸斷斷絃頻淚滴黃金縷

寂寞畫堂空深夜垂羅幕燈暗錦屏欹月冷珠簾薄　愁恨夢難成何處貪歡樂看看又春來還是長蕭索

黃鍾樂

池塘煙暖草萋萋惆悵閑宵含恨愁坐思堪
迷遥想玉人情事遠音容渾似隔桃溪 偏
記同歡秋月低簾外論心花畔和醉暗相携
何事春來君不見夢魂長在錦江西

漁歌子

柳如眉雲似髮鮫綃霧縠籠香雪夢魂驚鍾
漏歇窻外曉鶯殘月 幾多情無處説落花
飛絮清明節少年郎容易别一去音書斷絶

臨江仙　　鹿太保虔扆

金鏁重門荒苑靜綺窻愁對秋空翠華一去寂無蹤玉樓歌吹聲斷已隨風　煙月不知人事改夜闌還照深宮藕花相向野塘中暗傷亡國清露泣香紅

無賴曉鶯驚夢斷起來殘酒初醒映窻絲柳裊煙青翠簾慵卷約砌杏花零　一自玉郎遊冶去蓮凋月慘儀形暮天微雨灑閑庭手

捘裙帶無語倚雲屏

女冠子

鳳樓琪樹惆悵劉郎一去正春深洞裏愁空結人間信莫尋竹疎齋殿迥松密醮壇陰倚雲低首望可知心

步虛壇上絳節霓旌相向引眞仙玉珮摇蟾影金爐裊麝煙　露濃霜簡濕風緊羽衣偏欲留難得住却歸天

思越人

翠屏欹銀燭背漏殘清夜迢迢雙帶繡窠盤
錦薦淚侵花暗香銷　珊瑚枕膩鴉鬟亂玉
纖慵整雲散苦是適來新夢見離腸爭不千斷

虞美人

卷荷香澹浮煙渚綠嫩擎新雨鏁窗踈透曉
風清象床珍簟冷光輕水紋平　九疑黛色
屏斜掩枕上眉心斂不堪相望病將成鈿昬

檀粉淚蹤橫不勝情

虞美人　閻處士選

粉融紅膩蓮房綻臉動雙波慢小魚銜玉鬢釵橫石榴裙染象紗輕轉娉婷　偷期錦浪荷深處一夢雲兼雨臂留檀印齒痕香深秋不寐漏初長盡思量（盡一作儘）

楚腰蠐領團香玉鬢疊深深綠月娥星眼笑微顰柳夭桃艷不勝春晚粧勻　水紋簟映

青紗帳霧罩秋波上一枝嬌臥醉芙蓉良宵
不得與君同恨忡忡笑微顰一作笑和顰

臨江仙

雨停荷芰逗濃香岸邊蟬噪垂楊物華空有
舊池塘不逢仙子何處夢襄王　珍簟對欹
鴛枕冷此來塵暗淒涼欲憑危檻恨偏長藕
花珠綴猶似汗凝粧

十二高峯天外寒竹梢輕拂仙壇寶衣行雨

在雲端畫簾深殿香霧冷風殘　欲問楚王何處去翠屏猶掩金鸞猿啼明月照空灘孤舟行客驚夢亦艱難

浣沙溪

寂寞流蘇冷繡茵倚屏山枕惹香塵小庭花露泣濃春　劉阮信非仙洞客常娥終是月中人此生無路訪東鄰

八拍蠻

雲瑣嫩黃煙柳細風吹紅蔕雪梅殘光景不勝閨閤恨行行坐坐黛眉攢

愁瑣黛眉煙易慘淚飄紅臉粉難勻憔悴不知緣底事遇人推道不宜春

河傳

秋雨秋雨無晝無夜滴滴霏霏暗燈涼簟怨分離妖姬不勝悲　西風稍急喧窗竹停又續膩臉懸雙玉幾迴邀約鴈來時違期鴈歸

人不歸

臨江仙

一番荷芰生舊沼檻前風送馨香昔年於此伴蕭娘相偎佇立牽惹叙衷腸 時逞笑容無限態還如菡萏爭芳別來虛遣思悠颺慵窺往事金鏁小蘭房

深秋寒夜銀河靜月明深院中庭西窻鄉夢等閑成逡巡覺後特地恨難平 紅燭半消

殘熖短依偎暗背銀屏枕前何事最傷情梧桐葉上點點露珠零

滿宮花

月沉沉人悄悄一炷後庭香裊風流帝子不歸來滿地禁花慵掃　離恨多相見少何處醉迷三島漏清宮樹子規啼愁鎖碧窗春曉

杏園芳

嚴粧嫩臉花明交人見了關情含羞舉步越

羅輕稱娉婷　終朝咫尺窺香閣迢遥似隔層城何時休遣夢相縈入雲屏

醉公子

暮煙籠蘚砌戟門猶未閉盡日醉尋春歸來月滿身　離鞍偎繡袂墜巾花亂綴何處惱佳人檀痕衣上新

菩薩蠻

隴雲暗合秋天白俯窻獨坐窺煙陌樓際角

重吹黃昏方醉歸　荒唐難共語明日還應
去上馬出門時金鞭莫與伊

浣沙溪　毛祕書 熙震

春暮黃鶯下砌前水精簾影露珠懸綺霞低
映晚晴天　弱柳萬條垂翠帶殘紅滿地碎
香鈿蕙風飄蕩散輕煙
花榭香紅煙景迷滿庭芳草緑萋萋金鋪閑
掩繡簾低　紫鸞一雙嬌語碎翠屏十二晚

峯齊夢魂銷散醉空閨
晚起紅房醉欲銷綠鬟雲散裊金翹雪香花
語不勝嬌　好是向人柔弱處玉纖時急繡
裙腰春心牽惹轉無憀
一隻橫釵墜髻叢靜眠珍簟起來慵繡羅紅
嫩抹蘇肖　羞斂細蛾魂暗斷困迷無語思
猶濃小屏香靄碧山重
雲薄羅裙綬帶長滿身新裛瑞龍香翠鈿斜

映艷梅粧　佯不覷人空婉約笑和嬌語太
猖狂忍教牽恨暗形相（裙一作裾）
碧玉冠輕裊鷰釵捧心無語步香堦緩移弓
底繡羅鞋　暗想歡娛何計好豈堪期約有
時乖日高深院正忘懷
半醉凝情卧繡茵睡容無力卸羅裙玉籠鸚
鵡猒聽聞　慵整落釵金翡翠象梳欹鬢月
生雲錦屏綃幌麝煙薰

臨江仙

南齊天子寵嬋娟，六宮羅綺三千。潘妃嬌艷
獨芳妍。椒房蘭洞，雲雨降神仙。 縱態迷歡
心不足，風流可惜當年。纖腰婉約步金蓮。妖
君傾國，猶自至今傳。

幽閨欲曙聞鶯囀，紅窻月影微明。好風頻謝
落花聲。隔幃殘燭，猶照綺屏箏。 繡被錦茵
眠玉暖，炷香斜裊煙輕。澹蛾羞斂不勝情。暗

思閑夢何處逐雲行

更漏子

秋色清河影澹深戶燭寒光暗綃幌碧錦衾紅博山香炷融　更漏咽蛩鳴切滿院霜華如雪新月上薄雲收映簾懸玉鈎

煙月寒秋夜靜漏轉金壺初永羅幕下繡屏空燈花結碎紅　人悄悄愁無了思夢不成難曉長憶得與郎期竊香私語時

女冠子

碧桃紅杏遲日媚籠光影綵霞深香暖薰鶯語風清引鶴音　翠鬟冠玉葉霓袖捧瑤琴應共吹簫侶暗相尋

脩蛾慢臉不語檀心一點小山糚蟬鬢低含綠羅衣澹拂黃　悶來深院裏閑步落花傍纖手輕輕整玉鑪香

清平樂

春光欲暮寂寞閑庭戶粉蝶雙雙穿檻舞簾
卷晚天疎雨　含愁獨倚閨幃玉鑪煙斷香
微正是銷魂時節東風滿樹花飛

南歌子

遠山愁黛碧橫波慢臉明膩香紅玉茜羅輕
深院晚堂人靜理銀箏　鬢動行雲影裙遮
點屐聲嬌羞愛問曲中名楊柳杏花時節幾
多情

惹恨還添恨牽腸即斷腸凝情不語一枝芳
獨映畫簾閑立繡衣香　暗想為雲女應憐
傅粉郎晚來輕步出閨房髻慢釵橫無力縱
猖狂

花閒集卷第九

花間集卷第十　五十首

毛祕書熙震　十三首

河滿子　二首　小重山　一首

定西番　一首　木蘭花　一首

後庭花　三首　酒泉子　二首

菩薩蠻　三首

李秀才珣　三十七首

浣溪沙　四首　漁歌子　四首

巫山一段雲 二首　臨江仙 二首

南鄉子 十首　女冠子 二首

酒泉子 四首　望遠行 二首

菩薩蠻 三首　西溪子 一首

虞美人 一首　河傳 二首

河滿子　毛祕書 熙震

寂寞芳菲暗度歲華如箭堪驚緬想舊歡多少事轉添春思難平曲檻絲垂金柳小窗絃

斷銀箏　深院空聞鸎語滿園閑落花輕一
片相思休不得忍教長日愁生誰見夕陽孤
夢覺來無限傷情
無語殘粧澹薄含羞嚲袂輕盈幾度香閨眠
過曉綺窻疎日微明雲母帳中偷惜水精枕
上初驚　笑靨嫩疑花拆愁眉翠斂山横相
望只教添悵恨整鬟時見纖瓊獨倚朱扉閑
立誰知別有深情

小重山

梁鷰雙飛畫閣前寂寥多少恨懶孤眠曉來閑處想君憐紅羅帳金鴨冷沉煙　誰信損嬋娟倚屏啼玉筯濕香鈿四支無力上鞦韆羣花榭愁對豔陽天

定西番

蒼翠濃陰滿院鶯對語蝶交飛戲薔薇　斜日倚欄風好餘香出繡衣未得玉郎消息幾

時歸

木蘭花

掩朱扉鈎翠箔滿院鶯聲春寂寞勻粉淚恨檀郎一去不歸花又落　對斜暉臨小閣前事豈堪重想着金帶冷畫屏幽寶帳慵薰蘭麝薄

後庭花

鶯啼鷰語芳菲節瑞庭花發昔時懽宴歌聲

揭管絃清越　自從陵谷追遊歇畫梁塵黦
傷心一片如珪月閑鎖宮闕
輕盈舞妓含芳艷競粧新臉步摇珠翠脩蛾
斂膩鬟雲染　歌聲慢發開檀點繡衫斜掩
時將纖手匀紅臉笑拈金靨
越羅小袖新香蒨薄籠金釧倚欄無語摇輕
扇半遮匀面　春殘日暖鶯嬌懶滿庭花片
爭不教人長相見畫堂深院

酒泉子

閑卧繡幃慵想萬般情寵錦檀偏翹股重翠雲欹　暮天屏上春山碧映香煙霧隔蕙蘭心魂夢役斂蛾眉

鈿匣舞鸞隱映豔紅脩碧月梳斜雲鬢膩粉香寒　曉花微斂輕呵展褭釵金鷰軟日初昇簾半捲對殘粧

菩薩蠻

梨花滿院飄香雪高樓夜靜風箏咽斜月照
簾帷憶君和夢稀　小窻燈影背鷰語驚愁
態屏掩斷香飛行雲山外歸
繡簾高軸臨塘看雨飜荷芰眞珠散殘暑晚
初涼輕風渡水香　無憀悲往事爭那牽情
思光影暗相催等閑秋又來
天含殘碧融春色五陵薄幸無消息盡日掩
朱門離愁暗斷魂　鶯啼芳樹暖鷰拂迴塘

滿寂寞對屏山相思醉夢間

浣沙溪　李秀才珣

入夏偏宜澹薄粧越羅衣褪鬱金黃翠鈿檀注助容光　相見無言還有恨幾迴拚却又思量月窻香逕夢悠颺

晚出閑庭看海棠風流學得內家粧小釵橫戴一枝芳　鏤玉梳斜雲鬢膩縷金衣透雪肌香暗思何事立殘陽

訪舊傷離欲斷魂無因重見玉樓人六街微雨鏤香塵　早爲不逢巫峽夢那堪虛度錦江春遇花傾酒莫辭頻

紅藕花香到檻頻可堪閑憶似花人舊歡如夢絶音塵　翠疊畫屏山隱隱冷鋪紋簟水瀰瀰斷魂何處一蟬新

漁歌子

楚山青湘水淥春風澹蕩看不足草芊芊花

簇簇漁艇棹歌相續　信浮沉無管束釣迴乘
月歸灣曲酒盈罇雲滿屋不見人間榮辱
荻花秋瀟湘夜橘洲佳景如屏畫碧煙中明月
下小艇垂綸初罷　水爲鄉蓬作舍魚羹稻
飯常飡也酒盈杯書滿架名利不將心挂
柳垂絲花滿樹鶯啼楚岸春天暮棹輕舟出
深浦緩唱漁歌歸去　罷垂綸還酌醑孤村遥
指雲遮處下長汀臨淺渡驚起一行沙鷺

九疑山三湘水蘆花時節秋風起水雲間山
月裏棹月穿雲遊戲　鼓清琴傾淥蟻扁舟自
得逍遥志任東西無定止不議人問醒醉

巫山一段雲

有客經巫峽停橈向水湄楚王曾此夢瑶姬
一夢杳無期　塵暗珠簾卷香銷翠幄垂西
風迴首不勝悲暮雨灑空祠
古廟依青嶂行宫枕碧流水聲山色鏁糚樓

往事思悠悠　雲雨朝還暮煙花春復秋啼猿何必近孤舟行客自多愁

臨江仙

簾捲池心小閣虛暫涼閑步徐徐芰荷經雨半凋疎拂堤垂柳蟬噪夕陽餘　不語低鬟幽思遠玉釵斜墜雙魚幾迴偷看寄來書離情別恨相隔欲何如

鶯報簾前暖日紅玉鑪殘麝猶濃起來閨思

尚踈慵別愁春夢誰解此情悰　強整嬌姿
臨寶鏡小池一朵芙蓉舊歡無處再尋蹤更
堪迴顧屏畫九疑峯

南鄉子

煙漠漠雨淒淒岸花零落鷓鴣啼遠客扁舟
臨野渡思鄉處潮退水平春色暮
蘭棹舉水紋開競攜藤籠採蓮來迴塘深處
遥相見邀同宴淥酒一卮紅上面

歸路近扣舷歌採眞珠處水風多曲岸小橋
山月過煙深鏁荳蔻花垂千萬朵
乘綵舫過蓮塘棹歌驚起睡鴛鴦游女帶香
偎伴笑爭窈窕競折團荷遮晚照
傾淥蟻泛紅螺閑邀女伴簇笙歌避暑信船
輕浪裏　遊戲夾岸荔枝紅蘸水
雲帶雨浪迎風釣翁迴棹碧灣中春酒香熟
鱸魚美誰同醉纜却扁舟蓬底睡

沙月靜水煙輕芰荷香裏夜船行綠鬟紅臉誰家女遥相顧緩唱棹歌極浦去

漁市散渡船稀越南雲樹望中微行客待潮天欲暮送春浦愁聽猩猩啼瘴雨

攏雲髻背犀梳焦紅衫映綠羅裾越王臺下春風暖花盈岸游賞每邀鄰女伴

相見處晚晴天刺桐花下越臺前暗裏迴眸深屬意遺雙翠騎象背人先過水

女冠子

星高月午丹桂青松深處醮壇開金磬敲清露珠幢立翠苔　步虛聲縹緲想像思徘徊曉天歸去路指蓬萊

春山夜靜愁聞洞天疎磬玉堂虛細霧垂珠珮輕煙曳翠裾　對花情脉脉望月步徐徐劉阮今何處絕來書

酒泉子

寂寞青樓風觸繡簾珠碎撼月朦朧花暗澹

鎖春愁 尋思往事依俙夢淚臉露桃紅色

重鬢歛蟬釵墜鳳思悠悠

雨濆花零紅散香凋池兩岸別情遥春歌斷

掩銀屏 孤帆早晚離三楚閑理鈿箏愁幾

許曲中情絃上語不堪聽

秋雨聯綿聲散敗荷叢裏那堪深夜枕前聽

酒初醒 牽愁惹思更無停燭暗香凝天欲

曉細和煙冷和雨透簾中

秋月嬋娟皎潔碧紗窗外照花穿竹冷沉沉

印池心　凝露滴砌蛩吟驚覺謝娘殘夢夜

深斜傍枕前來影徘徊

望遠行

春日遲遲思寂寥行客關山路遥瓊窗時聽

語鶯嬌柳絲牽恨一條條　休暈繡罷吹簫

皃逐殘花暗凋同心猶結舊裙腰忍辜風月

度良宵

露滴幽庭落葉時愁聚蕭娘柳眉玉郎一去

負佳期水雲迢遞鴈書遲　屏半掩枕斜欹

蠟淚無言對垂吟蛩斷續漏頻移入窗明月

鑒空帷

菩薩蠻

迴塘風起波紋細刺桐花裏門斜閉殘日照

平蕪雙雙飛鸂鶒　征帆何處客相見還相

隔不語欲魂銷望中煙水遥
等閑將度三春景簾垂碧砌參差影曲檻日
初斜杜鵑啼落花　恨君容易處又話瀟湘
去凝思倚屏山淚流紅臉斑
隔簾微雨雙飛鷰砌花零落紅深淺捻得寶
箏調心隨征棹遥　楚天雲外路動便經年
去香斷畫屏深舊歡何處尋

西溪子

金縷翠鈿浮動粧罷小窻圓夢日高時春已老人來到滿地落花慵掃無語倚屏風泣殘紅

虞美人

金籠鸚報天將曙驚起分飛處夜來潛與玉郎期多情不覺酒醒遲失歸期　映花避月遥相送膩鬟偏垂鳳却迴嬌步入香閨倚屏無語撚雲篦翠眉低

河傳

去去何處迢迢巴楚山水相連朝雲暮雨依舊十二峯前猿聲到客船　愁腸豈異丁香結因離別故國音書絕想佳人花下對明月春風恨應同

春暮微雨送君南浦愁斂雙蛾落花深處啼鳥似逐離歌粉檀珠淚和　臨流更把同心結情哽咽後會何時節不堪迴首相望已隔

汀洲櫓聲幽

花間集卷第十

右花間集十卷皆唐末才士長短句
情眞而調逸思深而言婉嗟乎雖文
之靡無補於世亦可謂工矣建康舊
有本比得往年例卷猶載郡將監司
僚幕之行有六朝實録與花間集之
贐又他處本皆訛舛廼是正而復刊

聊以存舊事云紹興十八年二月二
日濟陽晁謙之題